Inhalt

Impressum

Psychoanalyse und Körper

www.a-k-p.at
ISSN 1610-5087
11. Jahrgang, Nr.: 21, 2012, Heft II

ViSdP: Der Herausgeber; bei namentlich gekennzeichneten Beiträgen die Autoren. Namentlich gekennzeichnete Beiträge stellen nicht in jedem Fall eine Meinungsäußerung des Herausgebers, der Redaktion oder des Verlages dar.

Erscheinen: Halbjährlich

Herausgeber:
Peter Geißler, Neu-Oberhausen bei Wien, Österreich

Redaktionsanschrift:
DDr. Peter Geißler
A-2301 Neu-Oberhausen,
Dr. Paul Fuchsigg. 12
Tel., Fax 0043-1-7985157
E-Mail: geissler.p@aon.at

Übersetzungen ins Englische:
Robert Ware
Übersetzungen ins Spanische:
André Sassenfeld

Der Herausgeber freut sich auf Ihre Manuskripte, die nach Eingang möglichst rasch begutachtet werden.

Satz: Andrea Deines, Berlin;
Hanspeter Ludwig, Wetzlar;

Verlag:

Psychosozial-Verlag
E-Mail: bestellung@psychosozial-verlag.de
www.psychosozial-verlag.de

Bezug:
Jahresabo: 25 Euro (zzgl. Versand)
Einzelheft: 14,90 Euro (zzgl. Versand)
Bestellungen von Abonnements bitte an den Verlag, Einzelbestellungen beim Verlag oder über den Buchhandel.
Das Abonnement verlängert sich um jeweils ein Jahr, sofern nicht eine Abbestellung bis zum 15. November erfolgt.

Anzeigen:
Anfragen bitte an den Verlag:
anzeigen@psychosozial-verlag.de
Es gelten die Preise der aktuellen Mediadaten. Sie finden sie im Downloadbereich auf www.psychosozial-verlag.de.

Editorial

Im vorliegenden Heft werden Vorträge, die am 7. Wiener Symposium »Psychoanalyse und Körper« gehalten wurden, abgedruckt.[1] Das Thema dieser Tagung war »Hören – Sprechen – Stimme – Resonanz«.

Wir alle wissen, wie sehr unsere alltägliche Welt eine visuell dominierte ist. Es scheint überflüssig, darauf genauer einzugehen. Im Bereich der Sinne ist das Optische am engsten mit unserer Sprache verknüpft, was sich u.a. darin ausdrückt, dass es uns viel präziser gelingt, aufgrund einer Bildbeschreibung eine Vorstellung zu entwickeln, wie das beschriebene Objekt wohl aussehen mag, während der Versuch, einen Musiksong mit sprachlichen Mitteln zu erfassen, in aller Regel scheitert. Ähnlich verhält es sich mit Körper-, Geruchs- und Geschmacksempfindungen. Bildbeschreibungen gehören zum Aufsatzrepertoire vieler Schulen, während Aufgaben wie »Beschreiben Sie die Musik von Beethoven« eher selten sein dürften.[2]

Es sei in diesem Zusammenhang auf die Entdeckung der Spiegelneuronen erinnert, die zu einer Revolution in den Neurowissenschaften geführt hatte (aber nicht nur in diesen). Diese Entdeckung geht auf einen entscheidenden Fortschritt im Bereich des visuellen Kanals zurück, d.h. auf neue Möglichkeiten im Wissenschaftsfeld Bild gebender Verfahren.

Das Optische ist sowohl in den Wissenschaften als auch im Alltag stark mit kognitiven Aktivitäten verbunden, wie dem geistigen Vorgang des Ausbildens einer Vorstellung. Die Dominanz des Sehens hat jedoch vielerlei Facetten, auf die u.a. der mittlerweile verstorbene deutsche Musikjournalist Joachim-Ernst Berendt eindrücklich hingewiesen hat, dessen Arbeiten ein entscheidender Impulsgeber für das 7. Wiener Symposium »Psychoanalyse und Körper« waren. Berendt war es, der die visuelle Dominanz kritisch beleuchtete.

Dass uns durch die Zentrierung auf das Visuelle möglicherweise ein ganz entscheidender Aspekt in der Wirklichkeitswahrnehmung entgeht, ist nämlich

1 Das 7. Symposium »Psychoanalyse und Körper« fand vom 21. bis 24. Mai 2009 statt. Sämtliche Informationen zu dieser Tagung sind nachlesbar auf der AKP-Homepage www.a-k-p.at.

2 Vgl. dazu U. Sachsses Vorwort zum Buch von Trautmann-Voigt, S., und Voigt, B. (2009): Grammatik der Körpersprache. Körpersignale in Psychotherapie und Coaching entschlüsseln und nutzen. Schattauer (Stuttgart).

zunächst nicht so offen-»sichtlich«. So eindrucksvoll unsere auf das Visuelle gegründeten Fortschritte auch sein mögen, so nachdrücklich (wenn auch vielleicht leiser) klingt eine zweite Seite unauf-»hörlich« in uns, die sich im akustischen Wahrnehmungsbereich manifestiert. Der deutsche Naturphilosoph Lorenz Oken hat es so ausgedrückt: »Das Auge führt den Menschen in die Welt, das Ohr führt die Welt in den Menschen.« In diesem Satz, der zum Nachdenken anregt, spiegelt sich eine essenzielle Polarität. Man könnte sie beispielsweise mit den Begriffen »aktiv« vs. »passiv« oder »eindringend« vs. »aufnehmend«, »yin« vs. »yang« oder »männlich« vs. »weiblich« umreißen, aber dies sind nur Begriffsbeispiele. Die vielen Fragen, die uns auf der Tagung beschäftigt haben, berührten naturgemäß auch den Gesichtspunkt, inwieweit sich eine möglicherweise zu einseitige Zentrierung auf das Visuelle in der gegenwärtig sich epidemisch verbreitenden Tinnitus-Symptomatik wiederspiegelt, die uns Psychotherapeuten immer mehr beschäftigt. Ein Tagungsbeitrag, der sich speziell mit dieser Frage auseinandersetzt, wird in »Psychoanalyse und Körper« Nr. 17 abgedruckt werden.[3]

Im ersten Beitrag versuche ich einige allgemeine Gesichtspunkte der akustischen Domäne herauszuarbeiten. Psychotherapeutisch relevante Anwendungen werden dabei in sehr allgemeiner Form angedeutet, jedoch scheinen mir vor allem die Implikationen im Hinblick auf unser Menschenbild beträchtlich zu sein. Zur Verlebendigung des Beitrags wurden Hörproben angefertigt, die Sie von der Internetseite des Psychosozial-Verlags herunterladen können. Sie finden sie auf www.psychosozial-verlag.de – Zeitschriften – »Psychoanalyse und Körper« – Psychoanalyse und Körper Nr. 16.

Günter Heisterkamp hebt in seinem Beitrag die Wichtigkeit hervor, die Physiologie des Hörens von damit verbundenen psychologischen »Klangwelten« zu unterscheiden und verdeutlicht die darauf folgenden aktuellen Aufgaben einer psychoanalytischen Behandlungslehre. Reinhard Plassmann führt diesen Ansatz fort, indem er im dritten Beitrag die rhythmischen, musikalischen Phänomene in eine prozessorientierte Psychotherapie einordnet. Im vierten Beitrag eröffnet Sebastian Leikert mit dem Begriff der »kinetischen Semantik« eine neue Dimension innerhalb der psychoanalytischen Terminologie, die dem bislang vernachlässigen Feld der Sinnlichkeit und Ästhetik den ihr gebührenden Platz einräumen will. Leikert steht in der Tradition von Lacan, einer Denkströmung, die vielen Körperpsychotherapeuten fremdartig, weil sprachlich schwer verständlich erscheint. Mit dieser Schwierigkeit verknüpfen sich allzu leicht Bewertungen, die wiederum den Boden für Missverständnisse bilden können.

Wenn Leikert am Beginn seines Beitrages auf das Lehrbuch *Psychoanalyse*

---

3 Der Autor dieses Beitrags, M. Tillmann, hat mittlerweile ein Buch mit dem Titel »Ich, das Geräusch« verfasst (Psychosozial-Verlag 2009). Eine Besprechung zu diesem Buch in englischer Sprache können Sie nachlesen auf unserer Homepage www.a-k-p.at im englischsprachigen Teil unter »Extras«.

der Lebensbewegungen Bezug nimmt und dabei – trotz Betonung der gemeinsamen Zielrichtung im Hinblick auf die enorme Bedeutsamkeit körperbezogener Organisationsformen des psychischen Erlebens – als entscheidende Differenz die Polarität »Orientierung am Gedanken der Ganzheit« (Geißler/Heisterkamp) vs. »Orientierung am Begriff des Diskurses« benennt, dann scheint dies zunächst nicht ganz verständlich und auch etwas provokant – jedenfalls habe ich das so erlebt, als ich Leikerts Vortrag hörte. Spontan verspürte ich daher der Impuls, unsere Position zu rechtfertigen und den Ganzheitlichkeitsgedanken zu verteidigen. Mittlerweile denke ich, im Dienste eines differenzierten Diskurses wäre es zweckdienlicher, die beiden unterschiedlichen Positionen und damit verbundene Begrifflichkeiten und implizite Bedeutungsgebungen (einschließlich von Menschenbildern) in einem ersten Schritt genauer als bisher zu diskutieren und erst dann eine Erwiderung zu formulieren, um ins Gespräch zu kommen.

Der letzte Beitrag ist die Fortführung des originellen Gedankens von Ernst Kern, die Stern'sche Entwicklungspsychologie der »Domänen« des Empfindens von sich selbst und von anderen mit der Personenzentrierten Arbeit zu verbinden. Ich halte einen solchen Versuch nicht zuletzt deswegen für besonders wichtig, weil der Bezug auf Daniel Stern untrennbar verbunden ist mit einer »offenen« psychotherapeutischen Einstellung – »offen« gemeint im Sinne eines Interesses für andere Wissenschaftsdisziplinen, wie Daniel Stern uns dies vorbildhaft vorlebt. Eine solch offene Einstellung hilft uns, Beschränkungen in unserem Verstehen der menschlichen Natur schrittweise zu überwinden. Ich betone dies, weil innerhalb eines Teils der Psychoanalyse nach wie vor eine m.E. mittlerweile nicht mehr angemessene Akzentuierung des sprachlichen Bereichs zu verzeichnen ist, am stärksten wohl ausgeprägt in der Lacanianischen Psychoanalyse. Sprache steht in dieser Tradition in enger Verbindung mit einer einseitigen Betonung des Intellektuellen, unter Vernachlässigung der sinnlichen und der emotionalen Dimension. Diese Ausklammerung will Sebastian Leikert überwinden, und zwar innerhalb der psychoanalytischen Metapsychologie. Natürlich ist ein solches Vorgehen berechtigt, ich fühle mich jedoch mit Stern insofern verbunden, als er für mich ein Protagonist derjenigen Psychoanalytiker ist, die sich nachhaltig dafür einsetzen, über den Tellerrand der psychoanalytischen Metapsychologie hinauszuschauen und andere wissenschaftliche Disziplinen mitzuberücksichtigen. Letztlich könnte das dazu führen, tradierte Vorstellungen, sofern sie sich als mittlerweile unplausibel erweisen, einfach loszulassen.

Eine wissenschaftliche Perspektive, die in diesen Zusammenhängen zunehmend an Bedeutung zu gewinnen scheint, ist die evolutionstheoretische. An dieser Stelle sei lediglich angedeutet, dass wir mittlerweile Anhaltspunkte dafür haben, wir stark in der Evolution der Hominiden die emotionale Entwicklung mit der musikalischen Dimension in Verbindung zu bringen ist. Während innerhalb der akademischen Wissenschaften die Emotionen mittlerweile zunehmend mehr im Zentrum des Interesses stehen, steht eine evolutionsgeschichtlich begründete Forschung des Musikalischen erst am Beginn.[4] Hier ist in nächster Zeit einiges zu erwarten. Vielleicht hilft die stärkere Beachtung musikalischer Prozesse künftig sogar dabei, eine weitere Brücke zwischen Psychoanalyse und Körperpsychotherapie zu schlagen.[5]

Nun einige Neuigkeiten. Seit dem Frühjahr 2009 existiert ein Kontakt zu André Sassenfeld und einer kleinen Gruppe von relational orientierten körpertherapeutisch arbeitenden Kolleginnen und Kollegen in Santiago de Chile. Sassenfeld hatte bereits vor unserer Kontaktaufnahme mehrere Beiträge aus »Psychoanalyse der Lebensbewegungen« ins Spanische übersetzt, und es entwickelte sich rasch ein fruchtbarer Diskurs. Er mündete einerseits darin, dass die Abstracts aller Zeitschriftenbeiträge nun auch in spanischer Sprache abgedruckt werden; andererseits entwickelte sich aus dem Dialog der Gedanke, Sprachbarrieren künftig dadurch überwinden zu helfen, indem wir unsere AKP-Homepage zumindest teilweise mehrsprachig gestalten. Diese Arbeit wurde mittlerweile in Angriff genommen, sodass mittlerweile Teile unserer Homepage www.a-k-p.at in spanischer, englischer und französischer Sprache existieren. Eine Übersetzung ins Italienische ist geplant, ebenso eine solche ins Ungarische, zumal eine dort ansässige Kollegengruppe die Übersetzung von »Psychoanalyse der Lebensbewegungen« ins Ungarische anstrebt und gegenwärtig einen Verlag sucht, der diese Aufgabe übernehmen könnte. Es scheint, dass die Analytische Körperpsychotherapie dabei ist, sich international viel stärker als bisher zu vernetzen.

Das vorliegende Heft ist dem Schweizer Psychoanalytiker und Bioenergetiker Niklaus Roth gewidmet, der neben Hans Peter[6] und Dagmar Hoffmann-Axthelm seit langer Zeit für eine schweizerische Präsenz an der Schnittstelle von Psychoanalyse und Körperpsychotherapie sorgt. Sie finden in diesem Heft ein Interview, das Dagmar Hoffmann-Axthelm mit ihm geführt hat. In seiner Bescheidenheit ist Roth nie von sich aus aktiv in den Vordergrund getreten, er war jedoch immer aktiv im Hintergrund tätig und ist es bis heute noch. Zwei Beiträge wurden in »Psychoanalyse und Körper« abgedruckt.[7] Roth hatte u.a. das Nachwort zu Tilmann Mosers 1986 erschienenem Buch »Die ersten Jahre« geschrieben, und während der Entstehung von »Psychoanalyse der Lebensbewegungen« war er konstant als Dialogpartner in wichtige Fragestellungen involviert. Dafür sei ihm herzlich gedankt!

Peter Geißler

---

4 Ein verdienstvoller Versuch in diese Richtung ist das gegenwärtig nur in englischer Sprache vorliegende Buch von Steven Mithen: The singing neanderthals. The origins of music, language, mind and the body. Harvard University Press, Cambridge Massachusetts 2006.

5 Wilhelm Reich beschrieb in seinen Versuchen, die körperlich-biologische Seite des Menschen besser zu verstehen, im Grunde musikalische Prozesse, ohne sie als solche zu benennen.

6 Hans Peter war einige Jahre lang Mitglied im Steißlinger Kreis, bevor er sich aus Altersgründen zurückgezogen hatte.

7 PUK Nr. 8 (2006): Zum Thema Eklektizismus/Integration in der Psychotherapie. PUK 13 (2008): Psychotherapie: Teil dieser einen Welt.

Die »akustische Domäne«

Eine Einführung

Peter Geißler

Zusammenfassung: Beim Klang und Schwingungen handelt es sich um ein universelles kosmisches Phänomen. Die belebte genauso wie die unbelebte Materie scheint musikalischen Grundprinzipien zu unterliegen. *Wir baden in Klängen.* In der menschlichen Embryonalentwicklung reift der Gehör- und Gleichgewichtssinn als erster aus und nimmt seine Funktion auf. Die mütterliche Stimme gilt als erstes Ordnungsprinzip. All dies muss künftig Auswirkungen auf unsere Theorie der Affektentwicklung und im Hinblick auf praxeologische Schlussfolgerungen haben.

Schlüsselwörter: Affekt; akustische Domäne; Hören; Klang; Stimme

Abstract: Sound and vibration are universal cosmic phenomenona. Animate and inanimate matters seem to follow musical rationales. *We bathe in sounds.* In human embryogenesis auditory sense and sense of balance mature first and take up their function. The mother's voice deems to be the first regulating principle. In the future, this needs to have implications on our theory of affect (e.g. development of affect) and on conclusions for (psychotherapeutic) practice.

Key words: affect; the acoustic domaine; hearing; sound; voice

Resumen: En el caso del sonido y las vibraciones se trata de un fenómeno cósmico universal. Tanto a la materia animada como a la materia no animada parecen subyacer principios musicales fundamentales. *Nos bañamos en sonidos.* En el desarrollo embrional humano, el sentido de audición y equilibrio es el primero en madurar y ejercer su función. La voz materna actúa como primer principio de ordenamiento. Todo esto debe tener en el futuro consecuencias para nuestra teoría del desarrollo afectivo y en relación con las conclusiones respecto de la teoría de la técnica.

Palabras clave: Afecto; dominio acústico; escuchar; sonido; voz

Auf die akustische Domäne bin ich vor etwa drei Jahren aufmerksam geworden. Das ist eine kurze Zeit. Mein Beitrag schildert erste Gedanken und Hypothesen.

Über praxeologische Schlüsse habe ich hingegen bisher noch kaum gründlich nachgedacht.

In meiner eigenen Selbsterfahrungen gehören Stimmerfahrungen zu den intensivsten, die ich erlebt habe. Ich denke an bioenergetische Erfahrungen vor allem in der Gruppe: an Schreien, an lautes Weinen und tiefes Schluchzen, an Stöhnen während bioenergetischer Stressübungen – d. h. die Stimme in Kombination mit einer vertieften Atmung. Dies waren ganz besondere Erfahrungen, die mir sehr eindrücklich in Erinnerung blieben. Außerdem denke ich an die Selbsterfahrungen in Gruppen, in denen man mit geschlossenen Augen umherging, sich abtastete, aber auch auf feine Geräusche achtete. Und dann erinnere ich mich an Übungen, in denen wir mit der eigenen Stimme experimentierten, mit dem Ziel den eigenen Ton zu finden. Ebenso erinnere ich mich an die warmherzige Stimme meines ersten Analytikers.

Als ich mit einer Frau, die ebenso Psychotherapeutin ist, einmal über die Wirkung der Stimme in der Therapie sprach, erzählte ich ihr, dass ich bei Patienten in bestimmten Situationen die Vorstellung hatte, ihnen einfach ein Lied vorzusingen, z. B. um sie beruhigen; dass ich mich das aber nie getraut hatte. Ich war überrascht zu hören, dass es ihr öfter genauso ergangen war. Unsere Stimme anders als sprechend zu verwenden stößt in analytischen Therapien offensichtlich bei uns beiden an eine Schambarriere.

Die Stimme als vitale, oft schambesetzte Lebensbewegung

Der Gebrauch der Stimme kann also schambesetzt sein. Ist er das, dann ist ein sehr wesentlicher Aspekt der Stimme blockiert, nämlich der hedonische. Die volle Entfaltung der Stimme – z. B. im Gesang – ist nicht nur eine sehr vitale Lebensbewegung, sie kann auch sehr lustvoll erlebt werden.

Öfters werde ich den Vergleich mit dem visuellen Sinnessystem suchen und so tun, als könne man diese beiden Sinneseindrücke trennen, was oftmals natürlich eine zu einfache Sichtweise ist. Ich entscheide mich dazu dennoch aus didaktischen Gründen. Während das Schauen doch oftmals eine eher ruhige Angelegenheit ist (auch wenn es emotional intensiv sein kann, wie bei einem verlängerten Blickkontakt), wohnt dem Sprechen und auch dem Gebrauch der Stimme eine andere Qualität von Vitalität inne.

Die mit dem Gebrauch der Stimme verbundenen Vitalitätskonturen[1] sind andere, als wenn wir beispielsweise das Bild eines Künstlers betrachten. Der Stimme wohnt grundsätzlich eine größere Suggestionskraft inne als dem Ausdruck der Augen, vergleichbar vielleicht am ehesten mit einem intensiven Geruch, dem man sich schwer entziehen kann.

1 Der Begriff der Vitalitätskontur geht auf D. Stern (1998) zurück.

Die Stimme in ihrer jeweils spezifischen Vitalitätskontur hat u.U. eine sehr suggestive Wirkung auf ein Gegenüber, und zwar – genauso wie beim Hören von Musik – viel stärker auf der Basis von Spüren als von Verstehen. Die Stimme ist ein ungeheuer potenter Affektträger und -vermittler. Sie löst zudem motorische Impulse aus, und daher bewegen wir uns oft so gern, wenn wir Musik hören. Nicht anders ist es, wenn wir z.B. eine laute intrusive Stimme wahrnehmen und am liebsten davonlaufen würden.

Eine tiefe und differenzierte Beschäftigung mit der akustischen Domäne führt uns an sehr grundsätzliche Fragestellungen heran. Sie lässt uns erahnen, dass es sich bei klanglichen Phänomenen und etwas Universelles handelt. Gleichzeitig sind interessanterweise stimmliche und klangliche Prozesse im Vergleich mit visuellen innerhalb der analytischen Körperpsychotherapie bisher wenig erforscht. Dies gilt übrigens auch für die Säuglingsforschung: Man hat sich bislang auf das visuell Sichtbare konzentriert – man denke an die Videoanalysen, die sich auf den mit unseren Augen beobachtbaren Teil der Interaktion zentriert. Natürlich werden Lautdialoge schon auch berücksichtigt – z.B. im Bereich des »vocal matching« – doch steht die diesbezügliche Forschung noch eher am Anfang[2]. Einzelne Forschergruppen, die sich mit der akustischen Domäne befassen, sind die Münchner Gruppe um Mechtild Papousek, die Gruppe um Beatrice Beebe in den USA und eine Forschergruppe an der Pontificia Universität in Sandiego (Chile), in der auch die Berliner Musikwissenschaftlerin Susanne Bauer mitarbeitet.

Die akustische Domäne in der Bioenergetischen Analyse und in der Psychoanalyse

Auch in der Bioenergetischen Analyse – von der ich ursprünglich herkomme – würde ich von einer gewissen Akzentuierung des Visuellen sprechen. Die Charakterstrukturen werden mit muskulären Spannungsmustern in Verbindung gebracht, die auf dem Wege des Körper-»Lesens«, also durch einen visuellen Prozess, symbolisch erfassbar gemacht werden. Auch wenn sich einige bioenergetische Autoren neuerdings mit Resonanzprozessen befassen, so beziehen sie sich m.E. weiterhin stärker auf visuell sichtbare Ausdrucksphänomene, bzw. wird die akustische Domäne als wichtiger emotioneller »Kanal« nicht explizit genannt.

Ein Beispiel: Vita Heinrich-Clauer (2009) bezieht sich im folgenden Zitat auf den Körper des Therapeuten und definiert: »Als Resonanzkörper ermöglichen wir die Spannweite der Resonanzphänomene im Kontakt zu Klienten mit der möglichst freien Atmung und Motilität unserer Muskulatur« (S. 42). Die zentrale

2 Diesen Eindruck verdanke ich einer Mitteilung von George Downing in der Vorbereitungsphase zum 7. Wiener Symposium »Psychoanalyse und Körper«.

Rolle von akustisch vermittelten Resonanzprozessen wird in diesem Zitat nicht hervorgehoben.

Auch in der Psychoanalyse und ebenso in der analytischen Körperpsychotherapie scheint der akustische Bereich bisher eher vernachlässigt, was angesichts der Dominanz des stimmlichen Kommunikationskanals im Couch-Setting doch verwundert. Dies betont auch Sebastian Leikert (2007), einer der wenigen, die sich mit der akustischen Domäne seit Jahren sehr intensiv beschäftigen, unter Verweis auf den Wiener Psychoanalytiker August Ruhs (1999), der das Akustische treffend als den »tauben Fleck« in der Psychoanalyse bezeichnet.

Musikalische Phänomene als universelles Grundprinzip[3]

Auf musikalische Phänomene im Universum ist der deutsche Physiker Johannes Kepler aufmerksam geworden. In seinem Werk »Harmonice Mundi« beschreibt er anhand der Beobachtung und Berechnung von Plantentebewegungen musikalische Ordnungsmuster im Universum, und zwar bereits im 17. Jahrhundert. Jahrhunderte später macht der bekannte Quantenphysiker Hans-Peter Dürr (2008) darauf aufmerksam, dass nach Zerlegung der kleinsten Teilchen, der Atome, der Elektronen, der Protonen, der Neutrinos, der Quarks, der Gluonen etc. etwas Merkwürdiges passiert: Irgendwann kommt man dabei in einen Bereich, in dem man zwar nichts Sichtbares mehr entdecken kann und in dem auch die Form verloren gegangen ist, und trotzdem bleibt eine Bezogenheit zwischen den (mittlerweile als Form gar nicht mehr nachweisbaren) Teilchen bestehen: ein Feld, das man nicht sehen, aber dessen Wirkung man messen kann. Dürr schließt daraus, dass das Sichtbare nur ein Teil der Wirklichkeit ist, und vielleicht nicht einmal der wichtigste.

Verwiesen sei auch auf die gegenwärtige in der Physik moderne Stringtheorie. Diese Theorie versucht, die Quantentheorie der Mikrophysik mit der Relativitätstheorie der Makrophysik zu verbinden, und sie kommt dabei auf Strings, auf vibrierende Elementarteilchen, die wie die Saiten einer Geige schwingen.

Nicht nur die kleinsten Teilchen schwingen, sondern auch die größten. Und sie erzeugen Geräusche. Man weiß mittlerweile, dass das Weltall bei weitem nicht so ruhig ist, wie wir glauben – einerseits weil die Frequenzen, die dort vorhanden sind, eben nicht in dem für uns hörbaren Spektrum liegen, anderseits weil die Himmelskörper sehr weit entfernt sind und ihre Geräusche stark verstärkt werden müssen, damit wir sie hören können. An Universitäten in der ganzen Welt wird nun zu klanglichen Phänomenen in der belebten ebenso wie der unbelebten Materie geforscht. Dabei trifft man immer wieder auf musikalische Prinzipien.

3 Eine Zusammenfassung vieler der hier angeführten Befunde ist nachlesbar bei P. Geißler (2009, S. 317–348).

Hörprobe 1 (0051)[4]

Hier hören Sie die rhythmischen Geräusche eines Pulsars, eines Neutronensterns, die an die Klänge von Trommeln erinnern. Damit wir sie hören können, wurden sie etwa um den Faktor 10^5 verstärkt.

Andere Schwingungen sind für uns deswegen nicht hörbar, weil sie in einem Frequenzspektrum liegen, das unsere Ohren nicht erfassen können. Trotzdem gibt es sie! Mit dem Verfahren der Oktavierung – der Vervielfachung der jeweiligen Frequenz von Oktav zu Oktav, solange bis sie in den für uns hörbaren Bereich gerät – gelingt es, Schwingungen im Universum für das menschliche Ohr hörbar zu machen. Man kann auf diese Weise nachweisen, dass jeder Himmelskörper Schwingungen aussendet. Es gelingt nun, Planetentöne hörbar machen. So wie wir damals in bioenergetischen Übungen unseren eigenen Ton suchten, so ist es eine Tatsache, dass jeder Planet einen eigenen Ton besitzt (Berendt 2007). Der Erdenton ist – transponiert in unsere Notenskala – ein G, der Sonnenton ein Cis. Wenn man den Erdenton in den für Menschen sichtbaren Wellenlängenbereich oktaviert, dann sieht man ein leuchtendes Orange-Rot – die Farbe der Sanjassins, der Mönche und Gläubigen des indischen Kulturkreises.

Wir baden gewissermaßen in Klängen, selbst wenn wir sie nicht hören. Denn die Welt ist also Klang – das gesamte Universum schwingt. Die Erde, die Sonne, alle Himmelskörper, alle Lebewesen, d.h. die gesamte unbelebte und belebte Materie schwingen. Über Schwingungen, über eine klangliche, gleichsam eine musikalische Struktur steht alles mit allem irgendwie in Verbindung und wirkt. Es wirkt, auch wenn davon für uns meist nichts sichtbar oder hörbar oder fühlbar ist. Selbst unsere Erbsubtanz, der genetische Code, der wichtigste biologische Code, schwingt, d.h. jeder ihrer Basen (Alanin, Guanin, Thymin und Cytosin) sind eigene Schwingungen zuordenbar. Wenn man ihre Schwingungen und Proportionen in einen Synthesizer speist, dann erklingt eine Musik, die irgendwie einen sphärischen Charakter aufweist. Die Natur ist der Komponist, die DNS ist gleichsam das Notenblatt:

Hörprobe 2 (0049)

Ob nicht-belebte oder belebte Materie – alles schwingt. Wir wissen z.B. dass jede Pflanze eigene Schwingungen aussendet, die wir auch nicht hören, die wir aber hörbar machen können. Eine Wiese, hörbar gemacht, gleicht regelrecht einer Symphonie. Gewisse Pflanzen wachsen deswegen nicht gern nebeneinander, weil sich ihre Schwingungsfrequenzen zueinander disharmonisch verhalten.

Beispielsweise hat man herausgefunden, wie man die Schwingungen von

4 Die Quelle aller Hörproben ist die von Berendt herausgegeben Hörreihe »Die Welt ist Klang – Vom Hören der Welt – Muscheln in meinem Ohr« (siehe Literaturverzeichnis).

Pflanzen hörbar machen kann. Im folgenden Beispiel handelt es sich um die Schwingungen von Ästen und Blättern:

Hörprobe 3 (0048)

Weil diese Bezogenheit über Schwingungen, über eine quasi musikalische Struktur einem universellen Grundprinzip zu folgen scheint, ist es wohl kein Zufall, dass sich sowohl in der Phylogenese lebendiger Organismen das Hören früher entwickelt hat als das Sehen, und dass sich diese Reihenfolge in der menschlichen Frühentwicklung wiederholt.

Meine These geht dahin, dass diese Reihenfolge auch im Hinblick auf die Affektentwicklung bedeutsam sein muss, und dass wir davon auszugehen haben, dass sich über die akustische Domäne sehr basale und sehr archaische Qualitäten von emotionaler Bezogenheit manifestieren, die einer eigenen musikalischen Semantik folgen.

Im Hinblick auf praxeologische Schlussfolgerungen können wir sagen: Wenn die frühsten Repräsentanzen nicht im Bereich der Sichtbaren liegen, wenn sie also nicht zwangsläufig gebunden sind an Visuelles, dann folgt die Aktivierung dieser Repräsentanzen in der therapeutischen Situation möglicherweise genauso musikalischen Grundprinzipien. Daraus könnten sich neue praxeologische Schlussfolgerungen ableiten lassen, die wiederum je nach therapeutischem Ansatz etwas anders aussehen mögen.

Es gibt beispielsweise Parallelen zwischen leiblicher Strukturiertheit und musikalischen Ordnungsmustern. Die körperliche Polarität von Spannung und Entspannung, wie sie sich z.B. beim Atmen manifestiert und wie sie Wilhelm Reich[5] beschrieben hat, besitzt Entsprechungen in den Spannungsbögen der Harmonik. Die Bioenergetische Analyse nutzt sie in verschiedenen Übungsarrangements seit langer Zeit.

Zusammenfassend lässt sich sagen, dass Rhythmus und Musik in der menschlichen Entwicklung früher auftauschen als visuelle Bilder. Sie sind daher auch ein ursprüngliches Medium für die Wahrnehmung der unbewussten Affektüber-

5 Der traumatische Bruch zwischen Wilhelm Reich und der psychoanalytischen Community ist – im Gegensatz zum »Ferenczi-Trauma«, weil Ferenczi im Konnex mit der zeitgenössischen Säuglingsforschung doch als »rehabilitiert« gelten darf – meines Erachtens bis zum heutigen Tage nicht aufgearbeitet und belastet die Beziehung zwischen Psychoanalytikern und Reichianern weiterhin, was sich an vielen kleinen Emfpindlichkeiten von Vertretern beider »Lager« immer wieder leicht erkennen lässt. Einer der wenigen, die sich für Reich lebenslang stark gemacht haben, war Otto Fenichel, jedoch wird dieser Umstand innerhalb der Psychoanalyse bis heute anscheinend verdängt (persönlicher Hinweis von Michael Heller). Möglicherweise könnte einer künftigen Integration musikalischer Phänomene in die psychoanalytische und in die bioenergetische Theorie eine entscheidende Brückenfunktion im Hinblick auf eine Aussöhnung der beiden »Lager« zukommen.

mittlung. Wir sind zwar als erwachsene Menschen in unserer gegenwärtigen Wirklichkeitswahrnehmung sehr vom visuell Sichtbaren geprägt, aber es gibt viel mehr als das! Auch wenn das Sichtbare vielleicht das Offensichtlichste ist, liegt die innerste Natur von allem woanders.

Der Ausfall des Hörens

Wie umfassend die klangliche Dimension wirkt, wird deutlich, wenn man sich im Vergleich den Ausfall der beiden Sinne anschaut. Berendt:

> »Der Blinde ist viel besser dran als der, der nichts mehr hört, sich missverstanden fühlt und sich in sein Schneckenhaus zurückzieht, weshalb auch Blinde viel leichter in ein Berufsleben integriert werden können als Taube. Eine Taubstummenanstalt ist eine Stätte berstender Aggressivität. Blinde hingegen sind zurückhaltender, vorsichtiger, hilfsbereiter, sensibler. Sie versuchen stärker ihre Mitmenschen zu verstehen und anzunehmen« (Berendt 2007).

Am besten wissen das wohl die Betroffenen selbst, die also einen solchen Sinnesausfall am eigenen Leib erlebt haben. Manche haben sogar beides erlebt – den Verlust des Sehens und des Hörens. Das wohl bekannteste Beispiel ist die Amerikanerin Helen Keller. Bedingt durch eine Gehirnhautentzündung im 18. Lebensmonat war sie ab diesem Zeitpunkt sowohl taub als auch blind. Sie schaffte es dennoch, mit der Hilfe einer halb-taubstummen Lehrerin, dass sie sich symbolisch verständigen lernte, und sie wurde durch die Art und Weise wie ihr das gelang berühmt – sie war die Beste in diversen Schulen und Kursen. Befragt, welcher der beiden Ausfälle – das Sehen oder das Hören – für sie von einschneidenderer Bedeutung war, antwortete sie ohne zu zögern: »Das Hören!« Und nach dem Grund befragt, erklärte sie: »Mozart kann man hören, aber nicht sehen!«

Besonderheiten der akustischen Domäne

Wir können die Augen schließen, nicht aber die Ohren. Wir hören selbst im Tiefschlaf und im Koma. Akustischen Signalen daher manchmal ein regelrecht suggestiver Charakter zu – bestimmte Laute können einen verführen, ohne dass man sich dagegen wehren kann. Das wusste bereits Odysseus, der sich an den Schiffsmast anbinden ließ, weil er wusste, er würde eigener Kraft dem Gesang der Sirenen nicht widerstehen können. Der Philosoph Peter Sloterdijk (1998) spricht von einem intrauterinen Sirenenstadium der menschlichen Existenz.

Unser Innenohr ist in der Lage, unterschiedliche Frequenzen mit mathematischer Genauigkeit zu messen. Das zeigt sich u.a. daran, dass praktisch jeder von uns in der Lage ist, das 2:1-Verhältnis von Frequenzen, also das Intervall einer

Oktave, sehr genau zu hören. Versuchen wir die Hälfte einer Länge auf visuellem Weg zu bestimmen, ist die Fehlervariation in aller Regel viel größer. Die Wahrnehmungsfähigkeit im Akustischen ist viel präziser als die im Visuellen.

Und diese Wahrnehmungsfähigkeit ist auch breiter. Die Energieschwelle der Empfindlichkeit der Haarzellen und der Hörfasern im Innenohr pendelt zwischen gerade schon wahrnehmbaren Reizintensitäten und den größten Lautstärken um den Faktor 10^6, also um das Millionenfache. Würden wir die gerade schon visuell wahrnehmbaren Intensitäten millionenfach verstärken – wir würden auf der Stelle erblinden.

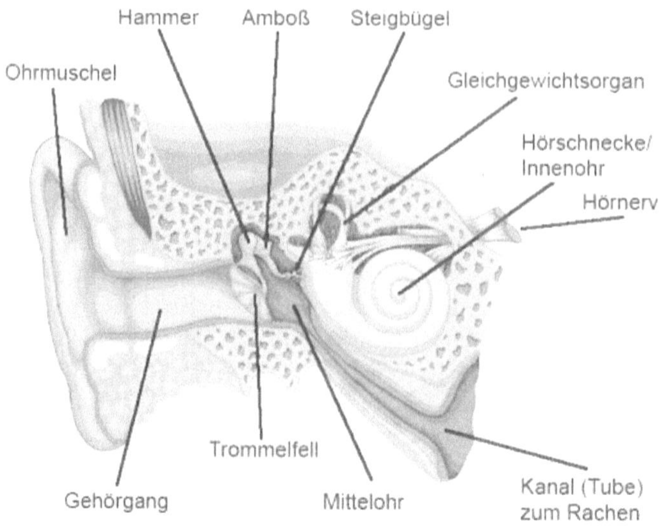

Abbildung 1: das menschliche Ohr

Die Cochlea ist jener Ort in unserem Körper, an dem die stärkste Konzentration von Nervenfasern anzutreffen ist. Die Evolution hat gewollt, dass wir an dieser Stelle unseres Körpers am präzisesten wahrnehmen.

Das Labyrinth ist in das Felsenbein eingebettet, und dieser Knochen ist nach den Zähnen das härteste Material in unserem Körper. Unser Innenohr ist nicht ohne Grund dadurch besonders stark geschützt.

Leikert (2007) weist darauf hin, dass bereits in der pränatalen Entwicklungsphase des Menschen eine frühe Form der Affektübermittlung stattfindet, und zwar über die mütterliche Stimme! Er unterscheidet drei Dimensionen: die belebende Stimme, die verfolgende Stimme und die abwesende Stimme. Er weist ebenso darauf hin, dass pränatal eine Repräsentation der Stimme eingeschrieben wird.

Berendt betont, dass das Sehen viel stärker mit einem Distanzierungsakt von sich selbst verbunden ist. Beim Sehen ist es so, dass sich unsere Aufmerksamkeit auf die äußere Welt richtet; anders beim Hören. Das Erleben beim Hören ist körperlicher als beim Sehen – Gehörtes wird bewusst oder unbewusst auch gespürt. Nach Leikert findet beim Hören eine Veränderung in der erlebten Spannung statt. Nicht umsonst weist der Begriff *Resonanz* in seiner Wortwurzel auf den Ton, den Klang hin – er kommt vom lateinischen »re-sonare«, was so viel bedeutet wie wider-hallen. Der deutsche Naturphilosoph Lorenz Oken hat es formuliert: Das Auge führt den Menschen in die Welt, das Ohr führt die Welt in den Menschen.

Evolutionstheoretische Bezüge

In der Entwicklungsgeschichte des Menschen vor Millionen von Jahren wurde das Signalisieren durch immer differenziertere Lautgebungen wichtig, weil man sich auf diese Weise in den Hominidengruppen besser verständigen konnte. Die Verständigungsmöglichkeit mittels stimmlicher Laute half dabei, dass man z.B. effektiver miteinander jagen konnte. Der Mensch hat in seiner langen Geschichte als Spezies deswegen überlebt, weil er sich als ausgesprochen fähig erwies, Gruppenstrategien anzuwenden. »Die Lautgebung ermöglicht den Austausch von mehr Signalen unter erweiterten Bedingungen und vergrößert damit die Fähigkeit der Gruppenmitglieder, Beziehungen ... auszuhandeln« (Greenspan/Shanker 2007, S. 270).

Im Vergleich mit dem visuellen System führen sie weiter aus:

> »Je differenzierter die Emotionen und je subtiler die Variationen, desto größer ist das Vergnügen, das wir beim Kommunizieren dieser Variationen durch Lautgebung [...] empfinden. Und der Stimmapparat erlaubt uns in der Tat, verschiedene und feinere Emotionsqualitäten mitzuteilen als das bloß visuelle System. Mit der Stimme können wir unendliche Variationen an Wärme und Nähe, Distanz und Ärger, Neugier und Desinteresse ausdrücken. Wenn wir einen Stummfilm ansehen, empfindet man zwar eine gewisse emotionale Beteiligung, aber sie ist nicht annähernd so intensiv wie bei einem Film, in dem man die Stimmen der Schauspieler hört« (ebd.).

Zu ergänzen wäre hier, dass die Untermalung im Film dargestellter Szenen durch Filmmusik den Bildern oft die entscheidende emotionale Qualität verleiht.

Neurowissenschaftliches: Der Vergleich der »Hörbahn« mit der »Sehbahn«

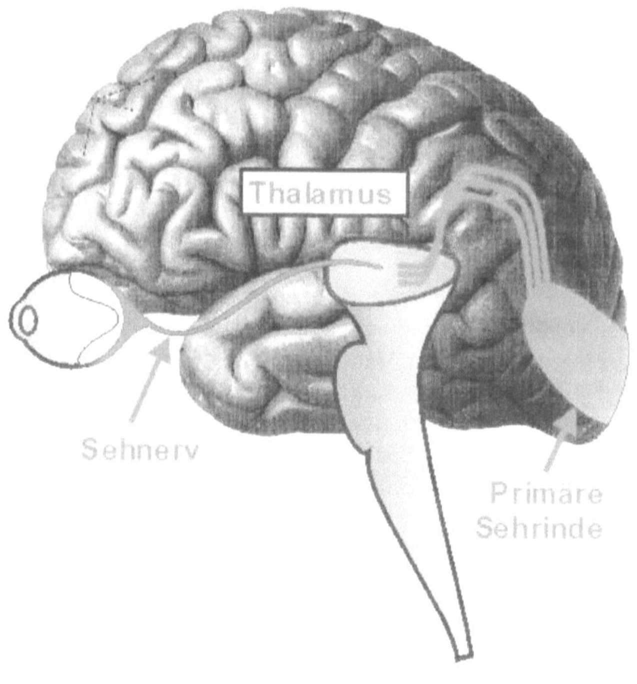

Abbildung 2: Sehbahn

Die Nervenfasern gehen von der Netzhaut weg und transportieren Sehinformationen in Pixeldimensionen über den Thalamus, dem »Tor des Bewusstseins«, in die Hirnrinde. Die Information, die über die Sehrezeptoren ans Gehirn weitergeleitet wird, ist bereits relativ komplex, sie liegt im Megapixelbereich. Jedoch ist der Weg zur Hirnrinde, dem Ort der Verarbeitung, ist aber kurz. Es ist nur eine einzige Synapse, nämlich die im Thalamus, zwischengeschaltet.

Das ist ganz anders bei der Hörbahn! Die Hörbahn viel komplexer verschaltet als die Sehbahn, sie durchläuft mehrere Hirnbereiche, und es sind im Verlauf der Weiterleitung der Signale bis zu sechs Synapsen zwischengeschaltet. Ich hatte Ihnen eine Abbildung zur Hörbahn vorbereitet, aber es würde Sie eher verwirren als Klarheit schaffen, wenn ich sie Ihnen zeige – einfach weil sie so kompliziert verschaltet ist und so viele Hirnbereiche durchquert.

Ein wesentlicher Unterschied zur Verarbeitung visueller Informationen besteht darin, dass das Ohr eine viel unspezifischere Form der Information erhält. Manfred Spitzer formuliert es so: Bei der Schallleitung »wackeln« zunächst nur

Luftmoleküle, und dieses »Gewackel« wird dem Trommelfell mitgeteilt, dessen Auslenkungen teilweise unvorstellbar klein sind, kleiner als der Durchmesser eines Wasserstoffatoms (Spitzer 2006).

Während also beim Sehen pro Auge etwa ein Megapixel an Information ans Gehirn über nur eine einzige Zwischenschaltstelle gelangt, wackelt es beim Hören zunächst nur links und rechts, und der ganze Rest muss vom Gehirn berechnet werden. Aus dem Innenohr kommen ca. 3.500 Nervenfasern, von jedem der beiden Augen aber eine Million! Nach der ersten Verschaltung vermehrt sich die Zahl der Nervenfasern in der Hörbahn auf 30.000, nach der zweiten auf 90.000, nach der dritten auf 400.000 und nach der vierten auf 500.000. In der Hörrinde, die beginnt, akustische Informationen zu verarbeiten, befinden sich 100 Millionen Hörzellen, die sich mit Akustik beschäftigen.

Die vielen Rückkopplungsschleifen und Links-Rechts-Kreuzungen im Verlauf der Hörbahn haben mit dem Umstand zu tun, dass während des Hörens Zeitgestalten viel stärker aufgelöst werden müssen als beim Sehen, und dass die Hörempfindlichkeit laufend »nachjustiert« wird.[6]

Zusammenfassend lässt sich sagen, dass das Ohr viel weniger hat und daraus aber darauf viel mehr machen muss – die Konstruktion der Hörinformationen ist daher ungleich komplexer als die der Sehinformation! Im Vergleich mit dem Hören wirkt das Sehen regelrecht kurzschlüssig! Trotzdem muss die Einfachheit der visuellen Informationsübermittlung in der Evolution vorteilhaft gewesen sein, auch wenn der Preis dieser Einfachheit der Reizübermittlung darin zu bestehen scheint, dass das Sehen eine im Vergleich zum Hören weniger differenzierte Sinnesleistung darstellt und dass es beim Sehen leichter zu Täuschungen kommen kann als beim Hören! Der Begriff »Projektion« weist in seinem doppelten Bezug – auf das Visuelle und auf die Täuschungsmöglichkeit – auf diesen Zusammenhang hin.

Man kann ebenso behaupten, dass die akustische Erfahrung, soweit man sie aus der emotionalen Gesamterfahrung herauslösen kann, ein viel komplexeres Phänomen darstellt als die visuelle. Aufgrund der Komplexität der Hörbahn und dem damit verbundenen Konstruktionsspielraum ist die Hörerfahrung außerdem eine höchst individuelle Angelegenheit. Man denke an den Begriff »Stimmung«. Stimmungen sind etwas sehr Persönliches, und gleichzeitig sind sie oft schwer zu beschreiben. Sie sind aber sehr spezifisch: Eine bestimmte Melodie oder z.B. der Gong eines Glockenschlages kann urplötzlich ein komplettes vergangenes Lebensgefühl wachrufen, mit all den zugehörigen Bildern, Hörerfahrungen, Szenen und Emotionen.

---

6 Der Vorgang des Hörens ist somit entscheidend mit dem Vorgang der Aufmerksamkeitsregulierung verknüpft, der wiederum einen engen Bezug zum Bewusstsein aufweist (Donald 2008).

Der Babyschrei: Eine archaische, aber differenzierte Lautgebung

Beim Babyschrei handelt sich um eine so starke emotionale Botschaft, dass man sich ihr unmöglich entziehen kann. Die Evolution hat es so eingerichtet, dass der Schrei des Neugeborenen und des Babys einen so starkes Stress in den Pflegepersonen auslöst, dass diese auf der Stelle animiert sind, sich um das Baby zu kümmern, es zu füttern, es zu beruhigen. Das Bindungssystem wird raschest aktiviert – und das war offenbar überlebenswichtig.

Zugleich löst der Babyschrei im Baby selbst ein ungeheuer starkes Selbstgefühl aus – er ist, wie Sebastian Leikert (2007) hervorhebt, ein Kern der Ich-Bildung.

Der Babyschrei ist zwar eine archaische Lautgebung, aber er ist keineswegs undifferenziert! Mit ersten Klangmustern beim Schreien des Neugeborenen hat man sich auch in der akademischen Schreiforschung (Kathleen Wermke an der Universität Würzburg) beschäftigt, und man hat dabei interessante Zusammenhänge entdeckt. Ausgehend von angeborenen Lautmustern hat man in der Untersuchung einer großen Zahl von Babys sechs unterscheidbare Melodietypen herausgefunden, die auf konsistenten Formeigenschaften der Schreimelodie beruhen.

Zwischen bestimmten Eigenschaften dieser frühen Schreimelodie und späteren prosodischen Elementen in der Sprache konnte die Schreiforschung weitere Zusammenhänge aufdecken, die ich hier im Einzelnen nicht wiedergeben werden können.[7] Klar ist aber, dass die Schreimelodie bestimmte Ordnungsmuster aufweist und nicht chaotisch ist. Klar ist auch, dass in der Schreimelodie des Babys Elemente der mütterlichen Stimme nachgewiesen werden können, was heißt, dass man über den akustischen Kanal eine archaische Form der Bezogenheit zwischen Baby und Mutter nachweisen kann, und zwar anhand der prosodischen Bausteine.

Markierungen durch die elterliche Stimme

Nach der Geburt ist die elterliche Stimme in mehrfacher Weise von Bedeutung. Mit der beruhigenden Stimme helfen die Eltern dem Baby, mit katastrophisch erlebten Emotionen allmählich besser fertig zu werden. Mit der belebenden Stimme gelingt es den Eltern, bestimmte Elemente oder Ereignisse aus dem Gesamtwahrnehmungsfeld des Babys gleichsam in einer sehr allgemeinen Form zu markieren – etwa nach dem Motto: Das ist aber jetzt interessant! D.h., die Aufmerksamkeit des Säuglings wird durch das Anheben der Stimme, sofern dieses Anheben angenehm und nicht zu intrusiv wirkt, aktiviert.

7 Eine der federführenden Personen in der Schreiforschung im deutschen Sprachraum ist Kathleen Wermke.

Diese Markierung muss als eine wichtige Vorstufe in Richtung Symbolbildung gelten. Sie hilft, die kindliche Aufmerksamkeit nicht nur zu aktivieren, sondern sie auch Schritt für Schritt zu fokussieren. Mit etwa neun Monaten kommt dann ein weiterer wichtiger Schritt hinzu, nämlich die Fähigkeit zur »joint attention«, zur gemeinsamen Ausrichtung der Aufmerksamkeit im Hinblick auf ein drittes Objekt. Diese Fähigkeit führt zu einem regelrechten Sprung in der Entwicklung. Die »joint attention« ist dann der eigentliche Motor für das Aufleben geistiger Prozesse, jedoch ist die beschriebene und sehr früh einsetzende stimmliche Markierung durch die elterlichen Bezugspersonen bereits eine wichtige Voraussetzung.

Etwas Vergleichbares findet in der psychotherapeutischen Situation statt, indem wir unsere Stimme teilweise neutral halten, dann wiederum in beruhigender Weise einsetzen, in anderen Momenten jedoch die Stimme in aktivierender Weise anheben – z.B. durch ein ermunterndes »Mh« – und auf diese Weise implizit dem Patienten zeigen: *Das* könnte jetzt von Bedeutung sein. Wir tun dies teils bewusst, teils intuitiv.

Durch die laufende stimmliche Markierung des Psychotherapeuten erfährt der Patient, wie der Therapeut selbst das »Material«, das der Patient uns darbietet, im Sinne von »wichtig« und »weniger wichtig« organisiert.

Die Theorie der Vocomimesis

Wie kann man sich die Entstehung der menschlichen Sprache vorstellen?

Dazu ein Sprung in die menschliche Evolution: Die Wortsprache muss man im Zusammenhang mit dem Versuch der Vereindeutigung des Signalaustausches verstehen, d.h. es kommt der Aspekt der Verständigung über etwas Drittes im Laufe der Evolution schrittweise hinzu. Nicht zu vergessen ist dabei der anfangs bereits erwähnte hedonische Aspekt im stimmlichen Austausch. Nach Merlin Donald (2008, S. 320) und seiner Theorie der Vocomimesis waren zwei Aspekte von Bedeutung: 1. der hedonische Aspekt beim Gebrauch der Stimme, 2. die stimmliche Nachahmung; Worte entstanden gleichsam auf der Bühne der Mimesis.

Die treibende Kraft lexikalischer Erfindungen war das Bedürfnis, mimetischen Äußerungen ihre Mehrdeutigkeit zu nehmen. Denn gestische Äußerungen taugen nicht so sehr für Erzählungen.

> »Der Kanal der Lautäußerungen erwies sich [...] für unsere Urahnen als höchst geeignet dafür, den über den mimetischen visuellen Kanal erfolgenden Mitteilungen Eindeutigkeit zu verleihen, ohne störend in den Kanal einzugreifen. Die Urform war [...] die Vocomimesis, das heißt die stimmliche Mimesis« (ebd.).

Donald betont, dass seiner Ansicht nach das Hervorbringen von Worten nur eine Art Beigabe im mimetischen Austausch darstellte. Erste vereindeutigende

Lautäußerungen zielen darauf ab, in einem einzigen Symbolisierungsakt ein ganzes Ereignis darzustellen, vergleichbar damit, wenn ein kleines Kind zum ersten Mal »Ball« sagt und mit diesem Einwortsatz zunächst noch ganz Verschiedenes gemeint sein kann: »Hol mir den Ball« oder »Ich habe den Ball fallen gelassen« oder »Wirf den Ball«. All die interaktionalen Bedeutungen sind in der Einwortäußerung latent vorhanden, und oft schließen wir aus Intonation, Gestik und Kontext darauf, welche Bedeutung das Kind gerade meint. Es geht also hier um implizite Intentionen, die durch die fortschreitende Fähigkeit des sprachlichen Ausdrucks in explizite Inhalte übergeführt werden.

Auch der oben erwähnte Prozess der Markierung dürfte in der Evolution der Hominiden wirksam gewesen sein – mit dem Ergebnis der Fähigkeit zur Symbolbildung. In der Evolution des Menschen hat sich dieser Prozess hin zur Symbolentwicklung wahrscheinlich über einen Zeitraum von Millionen von Jahren vollzogen, während er beim menschlichen Kind gerade mal 18 Monate dauert.

Nebenbei bemerkt steht die von Greenspan und Shanker vorgebrachte Theorie der schrittweisen Entwicklung des emotionalen Signalisierens in einem gewissen Kontrast zur tradtionellen Theorie, aufgrund derer der man das plötzliche Auftreten von Artefakten vor ca. 40.000 Jahren dadurch erklärte, dass sich das symbolische Denken beim Menschen und auch seine Fähigkeit zum Sprechen als Folge einer genetischen Mutation entwickelte – was einer Diskontinuitätstheorie entspricht. Mittlerweile gibt es zunehmend mehr Anhänger einer Kontinuitätstheorie der Entwicklung der Symbolbildung – ausgehend vom emotionalen Signalisieren!

Greenspan und Shanker sind der Überzeugung, dass die wesentlichen Fundamente im frühen emotionalen Austausch zwischen Babys und ihren Pflegepersonen gelegt wurden. Innerhalb der Hominidenhorde entstand zunehmend mehr Sicherheit, sodass Affekte nicht mehr nur mehr katastrophischer Natur waren, sondern ein zunehmend differenzierter Austausch in Zuständen der Ruhe und Entspannung entstehen konnte. Diese Zustände von Geborgenheit innerhalb der Gruppe machten immer abgestuftere Lautäußerungen möglich, und wegen ihres lustvollen Charakters entwickelten sie sich immer weiter.

Fazit für die Praxis

1. Im psychotherapeutischen Wirkgeschehen sollte man die Wirkung stimmlich vermittelter emotionaler Botschaften nicht unterschätzen, selbst wenn es leise Botschaften sind. Die Stimme verfügt über eine große Suggestionskraft, und Patient und Therapeuten beeinflussen sich dadurch ununterbrochen wechselseitig. Das präsentische Moment ist dabei wichtig: die Wirkung geschieht während des Vorgangs selbst.
2. Die suggestive Beeinflussung läuft in beide Richtungen, und sie ist unvermeidlich. Über stimmliche Äußerungen bekommen Patienten implizit sehr

viel von uns Therapeuten mit – von unseren Gestimmtheiten und von unseren eigenen unbewussten Absichten.

3. Das psychoanalytische Couch-Setting könnte unter all den hier erwähnten Gesichtspunkten nochmals neu bewertet werden, denn es gestattet, den akustisch vermittelten emotionalen Lautäußerungen in Ruhe und auf differenzierte Weise nachzuspüren.

Literatur

Berendt, J.-E. (2007): Nada Brahma: Die Welt ist Klang. Suhrkamp (Frankfurt/M.).

Berendt, J.-E. (2007): Die Welt ist Klang – Vom Hören der Welt – Muscheln in meinem Ohr. Jokers Edition, Auditorium Netzwerk 2007.

Donald, M. (2008): Triumph des Bewusstseins. Die Evolution des menschlichen Geistes. Klett-Cotta (Stuttgart).

Dürr, H.-P. (2008): Wissenschaft und Weisheit. Interview am 3. 12. 2008. CD-Rom. Beim Autor.

Geißler, P. (2009): Analytische Körperpsychotherapie. Eine Bestandsaufnahme. Psychosozial (Gießen).

Greenspan, S. I., Shanker, S. G. (2007): Der erste Gedanke. Frühkindliche Kommunikation und die Evolution des menschlichen Denkens. Beltz (Weinheim).

Heinrich-Clauer, V. (2009): Die Rolle der Therapeutin in der Bioenergetischen Analyse: Resonanz, Kooperation und Begreifen. In: Psychoanalyse und Körper, Heft 15, S. 31–55.

Leikert, S. (2007): Die Stimme. In: Psyche, 61. Jg. 5, S. 463–492.

Ruhs, A. (1999): Ruf an! Die Stimme und ihr Trieb. In: Grossmann-Garger, B., Parth, W. (Hg.): Die leise Stimme der Psychoanalyse ist beharrlich – Josef Shaked zum 70. Geburtstag. Psychosozial (Gießen), S. 73–85.

Sloterdijk, P. (1998): Sphären. Suhrkamp (Frankfurt/M.).

Spitzer, M. (2006): Mozarts Geistesblitze. Wie unser Gehirn Musik verarbeitet. CD-Rom. Beim Autor.

Stern, D. N. (1998): »Now-moments«, implizites Wissen und Vitalitätskonturen als neue Basis für psychotherapeutische Modellbildungen. In: Trautmann-Voigt, S., Voigt, B. (Hg.): Bewegung ins Unbewußte. Beiträge zur Säuglingsforschung und analytischen KörperPsychotherapie. Brandes & Apsel (Frankfurt/M.), S. 82–96.

Peter Geißler, Dr. med. et phil., Psychologe, Psychodiagnostiker, Psychotherapeut in freier Praxis, Gründer des Wiener Symposiums »Psychoanalyse und Körper« und Gründer/Herausgeber der gleichnamigen Zeitschrift. Obmann des AKP Wien.

Adresse: Dr.-P.-Fuchsiggasse 12, A-2301 Neu-Oberhausen

E-Mail: geissler.p@aon.at

Homepage: www.geissler-info.at

Methodologische Überlegungen zu Stimme und Stimmung

Günter Heisterkamp

Zusammenfassung: Zur Einführung wird der kategoriale Unterschied zwischen einer *Physiologie* des Hörens und einer *Psychologie* des Hörens herausgearbeitet. Im Sinne einer psychologischen bzw. psychoanalytischen Gegenstandsbildung werden dann Beispiele aus Alltag und Psychotherapie herangezogen, in denen die Klangwelten von grundlegender Bedeutung für die individuelle Wirklichkeitsgestaltung sind. An einem entwicklungspsychologischen Beispiel werden die aktuellen Aufgaben einer psychoanalytischen Behandlungslehre verdeutlicht, die in archaischen Modi der Erfahrungsbildung fundiert ist und diese zu erschließen versucht. Ein folgender Artikel befasst sich unter dem Titel »Sphären psychoanalytischer Behandlung« mit den entsprechenden praxeologischen Fragen von Stimme, Stimmung und Stimmungsverlauf.

Schlüsselwörter: Methodologie; psychischer Gegenstand; Sinn der Sinne

Abstract: In the introduction the categorical differences between the physiology and the psychology of hearing are presented in detail. Hence, for the manifestation of the subject examples of day-to-day-life and psychotherapy are employed in which the realm of sound is of fundamental significance for the individual formation of reality. A vignette of early childhood development exemplifies current tasks of psychoanalytical treatment which bases on archaic modes of the development of experience and from which it tries to infer from. One of the subsequent articles under the title »spheres of psychoanalytical treatment« deals with the relevant questions for the psychotherapeutic practice in terms of voice, mood and the course of mood.

Key words: methodology; psychological subject; purpose of the senses

Resumen: Como introducción, se elabora la diferencia categorial entre una *fisiología* de la audición y una *psicología* de la audición. En el sentido de la definición psicológica y psicoanalítica de un objeto de estudio se utilizan a continuación ejemplos de la vida cotidiana y de la psicoterapia, en los cuales los mundos sonoros son de significación fundamental para la formación individual de la realidad. A través de un ejemplo proveniente de la psicología del desarrollo se ilustran las tareas contemporáneas de una teoría psicoanalítica del tratamiento arraigada en las modalidades arcaicas de la formación de la experiencia e interesada en comprenderlas. Un artículo subsiguiente se ocupa bajo el título »Esferas del tratamiento psicoanalítico« de las interrogantes de voz, estado de ánimo y transcurso del ánimo en el marco de la teoría de la técnica.

Palabras clave: metodología; objeto psíquico de estudio; sentido de los sentidos

Einführung

Wir befinden uns am Anfang einer Tagung, auf der wir uns vornehmlich mit »der« Stimme befassen werden. Ich stehe nun vor Ihnen und spreche zu Ihnen. Die nach mir folgenden Kolleginnen und Kollegen tun dasselbe. Indem wir das Tagungsthema (vorwiegend) sprechend abhandeln, stellen wir das stimmliche und auditive Phänomen, das mit dem Begriff der Stimme benannt ist, dar. Es liegt deswegen nahe, von Zeit zu Zeit auch auf dieses Wirkungsgeschehen zwischen Vortragendem und Zuhörenden einzugehen. Das Tagungsthema konfrontiert uns meines Erachtens mit der aktuellen historischen Entwicklungsaufgabe der Psychoanalyse, nämlich die unmittelbaren Wirkungszusammenhänge zwischen Patient und Therapeut psychoanalytisch zu verstehen und psychotherapeutisch zu erschließen. Es ist Peter Geißlers subtilem Gespür für diese Vorgänge zu verdanken, dass wir uns in diesen Tagen einmal in besonderer Weise mit der Dimension des Hörens und Gehörtwerdens, der Stimme und der Stimmung, mit dem Atmosphärischen des Klingens und des Klanges befassen. Auf seinen evolutionsbiologischen Exkursen zur Bedeutung des Hörens und der Stimme macht er uns aufmerksam darauf,

- dass das Hören ontogenetisch und phylogenetisch älter ist als die Stimme;
- dass Gleichgewichtssinn und Gehör die ersten funktionstüchtigen Sinne im menschlichen Embryo sind;
- dass die Urform des Körperschemas, das sich aus den Lebensbewegungen des Fötus in der Gebärmutter entwickelt, ein »vestibuläres« sein wird;
- dass bereits in der achten Woche der Schwangerschaft die Entwicklung des Innenohres abgeschlossen und dass bis zur 18. Woche der Hörnerv als erster aller Nerven elektrisch leitungsfähig ist;
- dass das Innenohr im härtesten Knochen des gesamten Körpers, im Felsenbein, relativ sicher gelagert ist;
- dass das Hören differenzierter ist als das Sehen, das Auge nur schätzen, das Ohr demgegenüber messen kann;
- dass sich an der Hörschnecke des Innenohrs die stärkste Konzentration von Nervenfasern befindet und damit physiologisch gesprochen unser empfindlichstes Hirnareal ist usw. (vgl. Geißler 2007, 2008, 2009).

Geißler deutet hier aus der biologischen und physiologischen Sicht auf die grundlegende phylogenetische und ontogenetische Funktion des stimmlichen Ausdrucks und des Hörens hin. Wenn er das auch als Psychologe und Psychotherapeut schreibt, regt er auch das psychologische Forschungsinteresse an. Wir fragen uns hier, was die evolutionsbiologischen Erkenntnisse für eine Wissenschaft bedeuten, die in der Erlebenswirklichkeit ihren originären Gegenstand hat. Es sind in der Diskussion neuerer Forschungsergebnisse der Neurologie wenigstens drei Tendenzen zu beobachten. Die erste würde ich *als verschobene Rechtfertigung* von Psychologie und Psychotherapie sehen. Psychologie und Psychoanalyse, die sich oft von den anderen Wissenschaften nicht ernst genommen fühlen oder unsicher hinsichtlich ihres psychischen Gegenstandes (Salber 1988) sind, greifen gerne darauf zurück, um die eigene Position zu begründen. Sie beziehen sich dabei auf die sowohl von den Naturwissenschaften reklamierte als auch in der öffentlichen Meinung (z.B. den politischen Funktionären) wie selbstverständlich vorausgesetzte Auffassung, dass sich die Naturwissenschaft mit der eigentlichen Realität befasse und nur sie »objektive« Ergebnisse liefere. Die Krux dieser verschobenen Rechtfertigung besteht darin, dass die Psychologie mit einer solchen Rechtfertigung durch eine andere Wissenschaft gerade den originären Gegenstand ihrer Wissenschaft opfert.

Eine weitere Tendenz besteht darin, die *Lücken* der eigenen psychologischen Ableitungen durch Entlehnung von Versatzstücken aus der anderen Wissenschaft zu *verdecken*: Jeder Psychologe sollte misstrauisch werden, wenn er im Kontext von psychologischen Erklärungen liest: von Triggern, Spiegelneuronen, Bahnungen, Vernetzungen von Nervenzellen, von Sinneskanälen, von Hirnzentren, von Reiz und Reaktion usw. Ich halte es sogar für problematisch, von »der« Stimme oder einem »Klangobjekt« (Maiello 1999) auszugehen und wie in der Physik quasi über die Auswirkungen dieses »Dinges« oder »Objektes« zu sprechen. Davon später mehr.

Schließlich gibt es eine fruchtbare Position, die darin besteht, die Ergebnisse der Nachbarwissenschaften zu beachten und sich von ihnen anregen zu lassen zu Untersuchungen unter besonderer Beachtung der originären Fragestellungen und Methoden der Psychologie. Hier führen die evolutionsbiologischen Befunde zu der psychologisch interessanten Feststellung, dass es sich hierbei um Verstofflichungen bzw. Verkörperungen archaischer Formen des Verhaltens und Erlebens handelt. Geißler macht uns hier auf eine Leerstelle der Psychoanalyse aufmerksam. Die stimmliche Dimension ist in der Psychoanalyse sowohl konzeptionell als auch praxeologisch unerschlossen. Dabei klingt das Thema in Publikationen vereinzelt an und bezieht sich dabei wie auf alltägliche Selbstverständlichkeiten. Pionierarbeiten zu diesem Thema in der Psychoanalyse stammen von Pflichthofer (2005, 2007, 2008) und Leikert (2006, 2007), auf die ich im Laufe meiner Ausführungen noch eingehen werde. Die Stimme ist ein Zeichen unseres sinnlichen und leiblichen Existierens in der analytischen Situation. Pflichthofer macht hier auf einen möglichen kollektiven Widerstand aufmerksam, der in der Tradition eines anfangs sehr engen Abstinenzverständnisses besteht und sich lange gegen die Wahrnehmung gesträubt hat, dass der Analytiker in der therapeutischen Situation leiblich und sinnlich präsent ist (Pflichthofer 2005, S. 334f., S. 347) und »uns die Tatsache der leiblichen Präsenz Angst macht« (Pflichthofer 2008, S. 55). Die Vertreter einer leibfundierten Psychoanalyse können von diesen Widerständen in der Psychoanalyse ein Lied singen.

Der Mensch hört und nicht das Ohr

Zur Psychologie des Hörens

Welchen Sinn macht es, aus dem breiten Spektrum der Sinne (Sehen, Hören, Gleichgewichtssinn, Tasten, Schmecken, Riechen, Schmerzempfinden) einmal einen – selbstverständlich ist das nur künstlich möglich – herauszunehmen und gesondert zu betrachten? Ich möchte auf diese Frage mit einem Schildbürgerstreich antworten, den Erwin Straus in seinen Ausführungen »Vom Sinn der Sinne« (1956) berichtet:

> »Die Schildbürger, so wird berichtet, marschierten einmal vor ihre Stadt, die Felder zu bestellen. Draußen angelangt, fanden sie den Tag zu schön, um ihn durch so etwas wie Arbeit zu entweihen. Sie legten sich daher alle zusammen nieder, streckten und räkelten sich in der warmen Sonne. Als der Abend kam, entdeckten sie zu ihrem Schrecken, daß ihre Beine völlig durcheinander geraten waren. Beim Anblick des Gewühls von Gliedern konnten sie nicht mehr entscheiden, wem dieses und wem jenes Bein gehörte. Zum Glück kam ein Handwerksbursche des Wegs, den sie um Rat fragten. Der junge Mann war nicht verlegen; hilfsbereit nahm er seinen Stock und schlug auf das Knäuel von Beinen ein. Sofort wußte jeder Bescheid, zog seine Beine an sich und war bereit, den Heimweg anzutreten« (S. 390).

Die Schildbürger werden hier in leibhaftiger Weise gewahr, dass wir in unserem Empfinden Qualitäten unseres Weltbezuges erfassen und dass wir in verschiedenen Sinnesmodalitäten unserer Wirklichkeit in besonderer Weise inne werden. Der Anblick des Gewirrs von Gliedern und die Schmerzempfindungen infolge der Schläge sind zwei grundverschiedene Sinneswahrnehmungen. In jeder einzelnen Modalität ist das Grundthema »Ich-und-das-Andere« in spezifischer Weise variiert. Man könnte hier auch von »Wirklichkeit« sprechen, um eine Spaltung zwischen einer Ichfigur und einer Umgebung zu vermeiden. Die verschiedenen Sinne modulieren also in besonderer Weise die jeweilige Wirklichkeit. So hebt Straus (1956, S. 402) hervor, dass »im Sichtbaren das Beharrende, im Hörbaren das Aktuelle, in der Tastsphäre das Wechselseitige, im Felde von Geruch und

Geschmack das Physiognomische, im Schmerz das Macht-Verhältnis vorherrscht. Die Modalitäten sind in ihrer Gesamtheit in eine breite Skala zu ordnen, die vom Sichtbaren hinüber zum Schmerz reicht.« Darüber hinaus »spricht« jede Modalität auch noch in verschiedenen Tonarten (Straus 1956, S. 402). Wenden wir uns nun entsprechend unseres Tagungsthemas dem speziellen Sinn des Hörens zu:

- ➢ Aus dem Spektrum der Sinne verschiebt sich der Akzent vom gnostischen zum pathischen Moment. »Beim Übergang von einer Modalität zur anderen wird innerhalb der Ich-Welt-Beziehung der Akzent verschoben vom Gewahren des Gegenstandes auf die Erfahrung des eigenen Leibes« (Straus 1956, S. 394).
- ➢ Klang erfüllt und durchdringt den Raum, hebt die Ortsverschiedenheit auf, homogenisiert den Raum und zwingt im Marsch und Tanz alle zur Teilnahme an seiner eigenen Bewegtheit. (ebd., S. 400).
- ➢ Das Sehen ist ein analytischer Sinn und das Hören ein synthetischer Sinn.
- ➢ Das Hörbare ist auf die Gegenwart beschränkt.
- ➢ Cochlearis (Schnecke) und Vestibularis (Bogengänge) werden von Straus als Teile eines »Aktual-Organs« bezeichnet. »Im Hören sind wir auf Aktuelles gerichtet. Der Cochlearis orientiert uns darüber, wie die Umwelt aktuell auf uns gerichtet ist, der Vestibularis richtet uns aktuell auf die Umwelt aus« (ebd., S. 400).
- ➢ Wir werden vom Klang erfasst und bezwungen. Dem Klang kommt durch die Simultanität des Erklingens und Hörens und durch die Ablösung von der Schallquelle eine eigentümliche Macht zu. Laute und Worte ergreifen uns unmittelbar. Der Klang ist unangreifbar und unentrinnbar. Der Klang zieht alles in die Aktualität seiner Bewegtheit.

Alltagsbeispiele

Das Künstliche einer Isolierung und die Notwendigkeit einer ganzheitlichen Erfassung sind uns allen gewiss. Es leuchtet sofort ein, dass eine Trennung von Stimme und Atmung psychologisch unsinnig wäre, weil sie Integrale des Gesamterlebens sind. Man kann nur künstlich zwischen einem stimmlichen oder respiratorischen Dialog unterscheiden. In der konkreten Situation bilden alle nur künstlich zu trennenden »Sinne« und »Funktionen« ein konzertantes Geschehen, und einziger psychologischer Bezugspunkt ist das Konzert selber. Hierin liegen auch die Schwierigkeiten, die elementenhaften Entdeckungen zur Stimme auf das Gesamtgeschehen zwischen Patient und Therapeut zu beziehen oder über punktuelle Anwendungen in der Behandlungspraxis hinauszukommen. Es gibt unzählige Hinweise auf den Ganzheitsbezug der Sinnesempfindungen. Im Jahre 2008 haben die Mitglieder der sächsischen Staatskapelle Dresden eine Ausstellung eigener Gemälde unter dem Titel *Mit den Augen hören* veranstaltet. Das ist physiologischer Unsinn, aber psychologischer Tiefsinn! So schreibt Eugen Feldmann, seit 1996 Pianist der Dresdner Semper-Oper u.a.: »Einige meiner Bilder sind für mich wie selbst komponierte Musik, sie sind klingende Farben.«

Dann sei auch auf die Asymmetrie zwischen Zuhörenden und Vortragendem hingewiesen. Als Redner kann ich die Zuhörer überwiegend nur visuell wahrnehmen, während die Zuhörer mich auch hören können und damit eine grundlegendere Erfahrungsmöglichkeit für meine Worte erhalten, die für den Kontext des Verstehens und Missverstehens fundierter ist als das bloße Sehen. Je sensibler die Hörer für die unmittelbaren Wirkungszusammenhänge des basalen oder präsentischen Verstehens (Heisterkamp 2002) sind, um so mehr fällt ihnen auf, wie weit es dem Redner gelingt, die Phänomene des konkreten therapeutischen Geschehens in sein Reden darüber zu retten. Ihrem archaisch fundierten Gefühl für Harmonien und Disharmonien wird sich das Beziehungsgefüge, das der Redner mit seinen Zuhörern erschafft, atmosphärisch erschließen.

Die psycho-logische Notwendigkeit einer kontextuellen oder holistischen Auffassung des Vokalen und Auditiven ist mir besonders an einer eigenen Kindheitserinnerung deutlich geworden: Wir wissen um die durchdringenden und gellenden Sirenentöne bei Polizeiautos oder Rettungswagen, und sie werden sicherlich aus dem Wissen heraus verwendet, dass hohe und durchdringende Töne am leichtesten zu hören sind. Deswegen hatten die Sirenentöne während des Krieges auch die Funktion, Alarm zu schlagen und die von Bomben bedrohten Menschen frühzeitig zu warnen und in die Luftschutzbunker zu hetzen. Die Eigenqualitäten des Hörsinnes formen hierbei ein markantes Warnsystem aus: Das ohnehin wirksame pathische Moment des Hörens wird durch das Schmerzhafte der Sirenentöne besonders hervorgehoben. Die Gewalt der Sirenentöne durchdringt die ganze Region eines Stadtbezirkes und zwingt die Bewohner dieser Bezirke in eine spezifische Aktivität, nämlich in die Bunker oder Luftschutzkeller zu flüchten. Wir sind dem warnenden Klang der Sirenen quasi ausgeliefert, gefesselt in dem alarmierenden Klang einer Flucht- und Schutzbewegung. Es ist deswegen durchaus nachvollziehbar, dass viele Menschen, die den Krieg erlebt haben, noch heute zusammenschrecken, wenn sie Sirenen aufheulen hören. Ich kann das als Kriegskind (geb. 1937) selber noch gut nachvollziehen.

Am beeindruckendsten ist für mich aber, und damit kommen wir in besonderer Weise wieder auf die Kontextabhängigkeit von Stimmen und Geräuschen zurück, dass ich eine Kindheitserinnerung habe, die mit diesen Sirenentönen positive Erfahrungen verbindet. Während der Kriegszeit hatte ich das seltene Glück, dass mein Vater als eine Art Vorarbeiter einer Maschinenfabrik nicht in den Krieg eingezogen wurde und sich seine Selbstobjektfunktion gerade durch seine Präsenz während des Krieges festigte. Wenn die Sirenen ertönten und uns vor einem Bombenangriff warnten, kuschelte ich mich enger an meinen Vater an, in dessen Bett ich in dieser Zeit meistens lag, ließ mich in eine Decke wickeln und von ihm in den Luftschutzkeller tragen. Während Bomben das Haus bis in seine Grundfesten erschütterten, hielt er mich fest in seinen Armen. So kündigten die aufheulenden Sirenen paradoxerweise einen wohltuenden zärtlichen Kontakt mit meinem Vater an.

Analoge Erfahrungen werden viele Berliner während der elfmonatigen Luftbrücke nach der Sowjetischen Blockade im Mai 1949 gemacht haben. Von den sogenannten Hilfsflügen, es waren insgesamt knapp 280.000, landeten an einem einzigen Tag nahezu 1.400 Flugzeuge in Westberlin mit etwa 13.000 Tonnen wichtiger Lebensmittel. Man denke hierbei an die Angst und den Schrecken, die die dröhnenden Flugzeugangriffe während des zweiten Weltkrieges unter der Bevölkerung Berlins ausgelöst haben werden. Und kurz nach dem Kriegsende werden die katastrophalen Geräusche einer unglaublichen Vielzahl von täglichen Flügen über den Dächern der belagerten Stadt als verheißungsvolles, geradezu ersehntes Geräusch empfunden worden sein, dass das Überleben in der schwierigen politischen Notlage sicherte! Diese Zuversicht kommt in der geradezu liebevollen Bezeichnung der Flugzeuge als »Rosinenbomber« zum Ausdruck.

Methodologischer Exkurs

Angesichts der Differenzen des Erlebens im Modus der verschiedenen Sinne erweist sich eine physiologische Auffassung des Erlebens als unpsychologisch, im Kontext des psychologischen Gegenstandes als physiologistisch. Ob Licht auf das Auge, Schall auf das Ohr, Druck oder Wärme auf die Hand treffen, die sinnesphysiologische Auffassung bleibt in jeder Modalität gleich: Ein Reiz trifft auf einen Rezeptor. Damit wird bereits hinsichtlich der verschiedenen Modi der Sinnesempfindungen die Eigenqualität des jeweiligen Erlebens verstümmelt, ganz zu schweigen vom originären Gesamterleben (z. B. dem eines Konzertes oder eines Fußballspieles oder eines Bombenangriffes), in das die einzelnen Sinnesqualitäten gliedhaft eingefügt sind. Das physiologische Reiz-Reaktions-Schema lässt keinen Raum für die Erlebenszusammenhänge, die den psychologischen Untersuchungsgegenstand ausmachen. Man könnte meinen, dass dieses Problem in der Geschichte der Psychologie bewältigt wäre. Mittlerweile feiert die naturwissenschaftliche Voreinstellung mit den bildgebenden Verfahren in den Neurowissenschaften eine laute Wiedergeburt. Deswegen komme ich bei meinen methodologischen Überlegungen nicht umhin, entsprechende Differenzierungen hinsichtlich der Neurowissenschaften vorzunehmen.

Ein neurowissenschaftliches Verfahren wie die funktionelle Magnetresonanztomografie (fMRT) hat das Ziel, Funktionen und Prozesse des Gehirns zu kartografieren. Es stellt aufgrund bestimmter physikalischer und physiologischer Prozesse Bilder des arbeitenden menschlichen Gehirns her, es misst die Aktivierung und Reaktivierung von Nervenzellverbänden, macht aktive Nervennetze sichtbar und verweist auf die Entstehung und Fortleitung neuronaler Erregung (Elger u.a. 2004). Neuroelektrische oder neurochemische Prozesse bleiben jedoch elektrische und chemische Prozesse. Ihre Qualität ist wesensmäßig verschieden von den Phänomenen des Erlebens. Sie bilden die notwendigen biologischen Grundlagen des Erlebens, sind es aber nicht bzw. sind nicht damit gleichzusetzen.

Die im Gehirn beobachtbaren physiologischen, neurologischen oder physikalischen Funktionszusammenhänge sind um die Erfassung einer stofflichen Wirklichkeit bemüht. Dem gegenüber ist der Gegenstand der Psychologie in der Erlebenswirklichkeit begründet. Darin liegt der wesentliche Unterschied. Der Auffassung der jeweiligen Forschungsgegenstände entsprechen auch unterschiedliche Methoden. Nervenzellen arbeiten immer nach dem gleichen Muster. Sie werden enerviert und senden elektrische Impulse aus. Die neurologischen Bewegungen sind qualitativ anders als die seelischen Bewegungen. Es besteht ein kategorialer Unterschied zwischen der stofflichen Wirklichkeit und der Wirklichkeit des Erlebens. Die eine Wissenschaft ist nicht durch die andere ersetzbar, beide entwickeln ihren originären Gegenstand.

Ob wir von Klang, Beziehung, Relation, Kommunikation, Einfühlung, Spiegeln und wovon auch immer sprechen, die Naturwissenschaft bringt derartige Erscheinungen in einen Kausalzusammenhang, indem sie nach einer begrenzten Anzahl von primären Bausteinen der materiellen Welt sucht, z.B. des Ohres oder der Stimmorgane. Die Versuche, dieses Erklärungsmodell der stofflichen Wirklichkeit auf die der Erlebenswirklichkeit, wie wir sie in der Psychologie zum Gegenstand haben, zu übertragen, wird aber diesem nicht gerecht und führt in das Verwirrspiel einer unpsychologischen Psychologie. Dieses Problem ist bereits um die Jahrhundertwende vom 19. zum 20. Jahrhundert in prototypischer Weise von Dilthey herausgearbeitet worden:

> »Nun unterscheiden sich zunächst von den Naturwissenschaften die Geisteswissenschaften dadurch, daß jene zu ihrem Gegenstande Tatsachen haben, welche im Bewußtsein als von außen, als Phänomene und einzeln gegeben auftreten, wogegen sie in diesen von innen, als Realität und als ein lebendiger Zusammenhang originaliter auftreten. Hieraus ergibt sich für die Naturwissenschaften, daß in ihnen nur durch ergänzende Schlüsse, vermittels einer Verbindung von Hypothesen, ein Zusammenhang der Natur gegeben ist. Für die Geisteswissenschaften folgt dagegen, *daß in ihnen der Zusammenhang des Seelenlebens als ein ursprünglich gegebener überall zugrunde liegt. Die Natur erklären wir, das Seelenleben verstehen wir.* Denn in der inneren Erfahrung sind auch die Vorgänge des Erwirkens, die Verbindungen der Funktionen als einzelner Glieder des Seelenlebens zu einem Ganzen gegeben. *Der erlebte Zusammenhang ist hier das erste, das Distinguieren der einzelnen Glieder desselben ist das Nachkommende*« (Dilthey 1894, S. 143f., Hervorhebungen G.H.).

Da die Erlebenswirklichkeit hier das primäre ist, arbeitet Dilthey die der Psychologie zugehörige Methode einer beschreibenden und zergliedernden Psychologie heraus:

> »Ich verstehe unter beschreibender Psychologie die Darstellung der in jedem entwickelten menschlichen Seelenleben gleichförmig auftretenden Bestandteile und Zusammenhänge, *wie sie in einem einzigen Zusammenhang verbunden sind, der nicht hinzugedacht oder erschlossen, sondern erlebt ist. Diese Psychologie ist also Beschreibung und Analysis eines Zusammenhangs*, welcher ursprünglich und immer als das Leben selbst gegeben ist« ebd., S. 152, Hervorhebungen G.H.).

Die Auffassung von einer beschreibenden und zergliedernden Psychologie, wie sie mustergültig von der Tiefenpsychologie herausgearbeitet wurde, ergibt sich aus der Eigenqualität des Seelischen und entspringt »dem Bedürfnis einer unbefangenen und unverstümmelten Auffassung des Seelenlebens« (ebd., S. 168).

> »In der Psychologie ist nun dieser *Zusammenhang* der Funktionen im Erlebnis *von innen gegeben*. Alle psychologische Einzelerkenntnis ist nur *Zergliederung* dieses Zusammenhangs. So ist hier eine feste Struktur unmittelbar und objektiv gegeben, daher hat die Beschreibung auf diesem Gebiete eine zweifellose, allgemeingültige Grundlage. Wir finden nicht durch Ergänzung zu den einzelnen Gliedern deren Zusammenhang, sondern das *psychologische Denken artikuliert und distinguiert von dem gegebenen Zusammenhang aus*« (ebd., S. 173f.).

Die Psychologie hat ihren Gegenstand in der Erlebniswirklichkeit, die *vor* dem Erklären der Naturwissenschaften gegeben ist, und auf die sich auch jeder Naturwissenschaftler mit natürlicher Selbstverständlichkeit in seinem Alltag bezieht. Es ist ja bekanntlich nicht so, dass die Unterschiede zwischen den Wissenschaften dadurch entstehen, dass wir die Welt wie einen Kuchen unter den Wissenschaften aufteilen und die verschiedenen Stücke den einzelnen Wissenschaftlern zuordnen, das Gehirn z.B. der Neurologie und das Seelische der Psychologie. Die Unterschiede liegen dagegen in der, wie sich mit Salber (1988) sagen lässt, Bildung eines eigenen Gegenstandes. Vereinfacht entspricht dem die originäre Perspektive, die die jeweilige Wissenschaft einnimmt, differenzierter ausgedrückt, entwickelt jede Wissenschaft ein eigenes System des Fragens, Vorgehens und Ableitens. Als Psychologen befassen wir uns deswegen auch mit dem Gehirn, aber eben ganz anders als Naturwissenschaftler. Wenn wir es in einer Werbestudie untersuchen würden, dann könnte z.B. »Hirn« für einen Feinschmecker eine köstliche Delikatesse sein oder für einen anderen eine ekelerregende Masse. Es gehört dann auch zur psychologischen Sichtweise, angesichts der aktuellen Hochzeit an neurologischen Publikationen zu untersuchen, welche unbewussten Fiktionen und Sicherungen die physiologische Beschäftigung mit dem Gehirn haben kann. So arbeitet der Heidelberger Lehrstuhlinhaber für Psychiatrie und Psychotherapie Thomas Fuchs (2008, S. 306ff.) als promovierter Philosoph und habilitierter Psychiater unter der psychologischen Perspektive Neuromythologien und personcharakteristische Motive in der Hirnforschung heraus wie z.B. Entzauberung des Geistes, Deutungsmacht, Objektivierung des Subjektiven, Gedankenlesen, Eingriffswissen usw. Diese Deutungen aus berufenem Munde sollten uns vorsichtig machen bzw.

schützen vor einer unbedarften, methodologisch unreflektierten Übernahme von Ergebnissen und Methoden der einen Wissenschaft in die andere. Jede Wissenschaft ist für die andere vorwissenschaftlich. Der methodologisch unreflektierte Sprung von der einen in die andere Gegenstandsbildung führt zu Kurz- und Fehlschlüssen sowie zu Scheinerklärungen. Was sich theoretisch vielleicht etwas kompliziert anhört, ist in erlebten Zusammenhängen leicht nachvollziehbar.

Ein heiteres Beispiel ereignete sich für mich überraschend auf einer psychotherapeutischen Tagung, auf der ich einen Vortrag über Freude und Lust am sexuellen Kontakt gehalten hatte. Dabei entstand eine dichte Atmosphäre zwischen den Zuhörern und mir. Sowohl Rückmeldungen nach dem Vortrag als auch mein Erleben danach vermittelten mir den Eindruck, dass ich bei diesem Thema einen passenden Ton angeschlagen und einen erlebensbezogenen Weg zwischen abstrakter Distanzierung und exhibitionistischer Darstellung gefunden hatte. Unmittelbar nach dem Ende des Vortrags, als Fragen an den Referenten gestellt werden konnten, sprach mich ein Kollege auf eine Passage innerhalb meines Vortrags an. Ich hatte bezüglich der Phase des orgastischen Höhepunktes davon gesprochen, dass man hier von einem Verströmen oder auch von einem Verschmelzen sprechen könne, dass aber Verschmelzung vermutlich einer frühen Sehnsucht entspräche und nicht dem eigentlichen Erleben, bei dem Mann und Frau (gleichzeitig oder nachzeitig) in ihren jeweiligen Lebensgrund eintauchen, entsprechen würde. Darauf bezogen stellte der Kollege fest, dass es sich nach seiner Meinung um ein Verschmelzen handeln würde, und er versuchte mir das mit den sogenannten Spiegelneuronen zu erklären. Ich kam bei dieser Frage, mit der er vermutlich und in dankenswerter Weise nur die Diskussion beleben wollte, in eine schwierige Lage. Auf dem kurzen Weg zum Mikrophon spürte ich die konfliktträchtige Situation, entweder meinen spontanen Regungen zu folgen oder meine Tendenzen zu unterdrücken und freundlich sachlich auf die Frage zu antworten. Bei den wenigen Schritten spürte ich allerdings auch, dass ich mich nicht verdrehen wollte, und es kam mir über die Lippen: »Herr X, bei diesem schönen Thema und der Atmosphäre, die ich hier im Saal spüre, habe ich im Moment keine Lust, auf das Gehirn einzugehen.« Nach einer kurzen Stille entstand ein berstendes Lachen im gesamten Vortragsraum. Ich fühlte mich erleichtert, spürte aber gewisse Bedenken, den mir vertrauten Kollegen eventuell brüskiert zu haben. Besonders wichtig wurde mir die aus dieser Episode resultierende methodologische Erkenntnis. Obwohl es sich bei den Zuhörern vorwiegend um jüngere Ärzte und Psychologen handelte, die sicherlich nur in seltensten Fällen während ihres Studiums mit methodologischen Fragen befasst waren, hatten sie offenbar ein natürliches Gespür für den Unterschied zwischen dem physiologischen Erklären und dem seelischen Erleben.

Wir tun oft so, als wüssten wir ganz genau, wofür bestimmte Worte stehen. In der Physiologie werden alltagspsychologische, d.h. für die Psychologie vorwissenschaftliche Wörter wie Denken, Fühlen, Wollen, Gedächtnis usw. verwendet und damit unausdrücklich auch die impliziten Theorien. So schmücken sich Psychologen oder Therapeuten derzeit gerne mit Begriffen, die direkt aus bedeutenden physiologischen Forschungsergebnissen entnommen sind: wir werden getriggert, wir nehmen Reize an und zeigen Reaktionen, wir aktivieren bestimmte Hirnregionen, wir bahnen Themen vor usw. So verwenden wir auch in beiden Perspektiven identische Wörter wie Beziehung, Kommunikation, Resonanz, Spiegelung usw., die aber nach dem jeweiligen Forschungs- und Ableitungssystem etwas völlig anderes bedeuten. Von Eindeutigkeit kann hier nicht die Rede sein. Deswegen verweist der Philosoph Bieri (2005, S. 2) darauf, dass hinter den Kulissen der rhetorischen Bühne ein heilloses Durcheinander herrscht. Zur Vermeidung von Widersprüchen sollten die verschiedenen Aussage- und Vorgehensweisen, die für die Bildung eines Gegenstandes charakteristisch sind, deswegen nicht vermischt werden. Wenn wir uns das Picasso-Bild der Lebensfreude anschauen, können wir ohne große Schwierigkeiten zwischen einer naturwissenschaftlichen Analyse und einer psychologischen Perspektive unterscheiden. Zum einen betrachten wir es als stofflichen Gegenstand und untersuchen es physikalisch nach Größe, Farben, Maltechnik, Gewicht oder physiologisch nach den aktivierten Hirnarealen, nach neuralen Vernetzungen oder biochemischen Prozessen. Andererseits stellen wir bei einer Beschreibung und einer psychologischen Analyse unseres Erlebens beim Anblick des Bildes fest, dass es sich bei einer tiefenpsychologischen Analyse um ein atmosphärisches Wirkungsgeschehen handelt, um ein Etwas, das sich zwischen dem Kunstwerk und dem Betrachter ereignet. Für die verschiedenen Perspektiven der Wissenschaften sind beide Fragestellungen originär und sinnvoll. Wenn die verschiedenen Gegenstandsbildungen jedoch vermischt werden, kommt es zu Missverständnissen, Verwirrungen und zu Scheinerklärungen. Es entstehen »begriffliche Vexierbilder, die uns verhexen können« (Bieri 2005, S. 1). Je nach dem umfassenden Gegenstand mit seinen spezifischen Fragerichtungen, mit seinen originären Vorgehens- und Ableitungsregeln bedeuten sprachlich identische Begriffe wie Relation, Relativität, Beziehung, Kommunikation, Klang, Spiegeln, Resonanz etwas völlig anderes. Daraus entsteht eine methodologische Verwirrung mit ihren entsprechenden Widersprüchen.

Ich möchte in diesem Zusammenhang auch vor einer Verdinglichung »der« Stimme warnen. Die Rede von der Stimme und den zugehörigen Parametern wie Lautstärke, Tonlage, Rhythmik, Tempo usw. birgt die Gefahr einer Verdinglichung. Was wir mit »der« Stimme objektal benennen, interessiert in der Psychologie nicht, sondern immer nur die Erlebniseinheiten. Oft »charakterisieren« wir Stimmen als: sanft, zärtlich, laut, energisch, heftig, monoton, traurig, langweilig, intrusiv, verfolgend, zitternd, ängstlich, ärgerlich, wütend, verzweifelt, herrisch, belebend usw. Das sind Versuche, die akustische und auditive Dimension der psychotherapeutischen Wirkungszusammenhänge sprachlich zu lexikalisieren. Hierbei handelt es sich um Etiketten unterschiedlich erlebter Atmosphären. Die Stimme interessiert nämlich nur hinsichtlich der Atmosphäre, die sie ausformt.

Insofern wir aus Sphären stammen und immer in Sphären leben, wie ich einmal in Anspielung auf Sloterdijk (2000) sagen möchte, gibt es Stimmliches immer nur eingefügt in umfassende Kontexte oder Gestalten. Mit Atmosphäre benennen wir die erspürten Formen des In- und Mit-seins, die bis weit in vorsprachliche Erlebniseinheiten hineinreichen (Heisterkamp 2005, 2006).

Stimme und Atmosphäre

Wenn die Erlebenszusammenhänge (Handlungs- oder Erlebniseinheiten) das Erste und Letzte im Seelischen sind, müssen die in der Physiologie wie selbstverständlich unterschiedenen Sinnesorgane in die Auffassungs- und Ableitungsweisen der Psychologie integriert bzw. transformiert werden, nämlich als Gliedzüge eines jeweiligen Erlebenszusammenhanges, der sich mit seinen jeweiligen Sinneseigentümlichkeiten ausformt (Salber 1965). Ich nehme dabei den Grundgedanken meiner obigen Überlegungen mit, dass in der evolutionsbiologischen Geschichte des Ohrs und der Stimmwerkzeuge entsprechend urtümliche Qualitäten des Erlebens ausgeformt wurden. Um den Sinn des Tonalen und des Vokalen weder zu übergehen noch ihn zu isolieren, spreche ich im Folgenden von der Atmosphäre der Behandlung. Für die Aus- und Umformung von Atmosphären ist die stimmliche Dimension so grundlegend, dass auch im allgemeinen Sprachgebrauch der Begriff der Atmosphäre synonym mit dem der Stimmung verwendet wird. Deswegen greife ich auf den Begriff der Atmosphäre zurück. Er dient dabei sowohl als Garant für eine holistische als auch für eine phylo- bzw. ontogenetisch fundierte Perspektive. Die Atmosphäre macht die umfassende und durchgängige Erlebensqualität der von Therapeut und Patient gestalteten Wirkungszusammenhänge aus. Auch für Pflichthofer (2005) ist die Stimme ein Teil bzw. ein Ausdruck von Atmosphäre und trägt zu ihrer Erzeugung bei.

Von grundlegender Bedeutung ist die phänomenologische Auffassung von Atmosphären wie sie Böhme hervorgehoben hat. Danach haben Atmosphären keinen »einzelsinnlichen Charakter« (1995, S. 96). Ein wesentliches Kennzeichen ist die Unbestimmtheit des ontologischen Status. »Atmosphäre« ist weder den Objekten oder der Umgebung, von denen sie ausgeht, zuzuschreiben, noch den Subjekten, die sie erfahren. Wo befinden sich diese Atmosphären? Sie beziehen sich offenbar auf ein Dazwischen oder auch – wie ich ergänzen möchte – auf ein beide Umformendes und Durchdringendes. »Sie scheinen gewissermaßen nebelhaft den Raum mit einem Gefühlston zu erfüllen« (Böhme 1995, S. 22) und werden gespürt, indem man von ihnen affiziert wird.

> »Es ist dieser Eindruck, diese Atmosphäre, die jemand ausstrahlt, mit der man primär zu tun hat, und mit der man sich auseinandersetzen muß, nicht das innere Wesen oder der Charakter des Gesprächspartners« (Böhme 2001, S. 110).

Der Patient nimmt die Momente der vom Analytiker ausgestalteten bzw. bereitgestellten Atmosphäre heraus, die ihm »affektiv bedeutsam sind« (Böhme 1995, S. 137). Auch die atmosphärischen Wirkungszusammenhänge zwischen Therapeut und Patient werden von Böhme erfasst, wenn er die Atmosphäre als die gemeinsame Wirklichkeit des Wahrnehmenden und des Wahrgenommenen auffasst.

> »Sie ist die Wirklichkeit des Wahrgenommenen als Sphäre seiner Anwesenheit und die Wirklichkeit des Wahrnehmenden, insofern er, die Atmosphäre spürend, in bestimmter Weise leiblich anwesend ist« (ebd., S. 34).

Ich möchte den Begriff der Atmosphäre als Grundbegriff in die Psychoanalyse und insbesondere in ihre Behandlungslehre eingliedern, um die Wirkungsweise unausdrücklicher Formen des Mitseins in der psychotherapeutischen Behandlung verständlich zu machen.

> »Der Begriff der Wahrnehmung wird aus seiner Verengung auf Informationsverarbeitung, Datenbeschaffung oder Situationserkennung befreit. Zur Wahrnehmung gehört die affektive Betroffenheit durch das Wahrgenommene, gehört die *Wirklichkeit der Bilder*, gehört die Leiblichkeit. Wahrnehmen ist im Grunde die Weise, in der man leiblich bei etwas ist, bei jemandem ist oder in Umgebungen sich befindet. Der primäre *Gegenstand* der Wahrnehmung sind die Atmosphären. Es sind weder Empfindungen noch Gestalten, noch Gegenstände oder deren Konstellationen, wie die Gestaltpsychologie meinte, was zuerst und unmittelbar wahrgenommen wird, sondern es sind die Atmosphären, auf deren Hintergrund dann durch den analytischen Blick so etwas wie Gegenstände, Formen, Farben usw. unterschieden werden« (ebd., S. 47f.).

In einem folgenden Artikel werde ich, wie bereits erwähnt, die obigen Überlegungen an klinischen Beispielen praxeologisch umsetzen. Als Vorschau möchte ich hier einmal die wichtige Hervorhebung von Geißler, dass das allererste Körperbild als ein vestibuläres anzusehen sei, mit einer autobiografischen Schilderung von Cremerius verbinden. Cremerius berichtet in seiner Autobiografie von einer belastenden (Riemann) und von einer wohltuenden (Bally) Lehranalyseerfahrung. »Ich habe eine schlimme, aber auch eine für den zukünftigen Analytiker instruktive Erfahrung gemacht: ich habe die zerstörerische Wirkung, die eine Analyse haben kann, am eigenen Leibe erfahren. Für viele Jahre war ich in meinem Selbstgefühl beschädigt. Es bedurfte einer zweiten Analyse, den Schaden zu beheben« (Cremerius 1994, S. 88). In der Analyse bei Bally habe er sich wohlgefühlt. »Mein Wohlbefinden erwuchs auch aus meiner persönlichen Analyse mit Bally, von dem ich mich akzeptiert und verstanden fühlte. Er vermittelte ein förderndes Verstehen *in einem ruhigen Klima von Wohlwollen*« (ebd., S. 99). Als Folge seiner Eindrücke aus der Lehranalyse und den Seminaren änderte sich auch seine Arbeit mit Patienten, und er befreite sich »von den in Deutschland erlernten starren

Regeln, die oft Züge von Unmenschlichkeit zeigten. Jetzt ging es nicht mehr um Schweigen oder Nichtschweigen (ein in München heißes Thema), nicht mehr um Purismus, Abstinenz und Neutralität als Prinzip, jetzt ging es darum, *ein Klima zu schaffen, in dem Analytiker und Analysand sich wohlfühlen können*. Ich erlebte immer häufiger Analysenstunden mit meinen Patienten, in denen ich mich von der Überlegung, ist das falsch oder richtig, befreien konnte, *mich wohlfühlte wie ein Fisch im Wasser*« (ebd., S. 98, alle Hervorhebungen G.H.).

Diese offene Beschreibung enthält viele erlebnisorientierte Anspielungen auf das von Geißler (2007) herausgearbeitete »vestibuläre Körperbild.« Es wäre natürlich sehr interessant gewesen, wenn man in einem Tiefeninterview mit Bally und Cremerius »katamnestisch« hätte beschreiben und analysieren können, wie sich dieses Bild vom Sich-Wohlfühlen wie ein Fisch im Wasser im einzelnen herausgebildet hat. In sehe in der Formulierung nicht nur eine Metapher, sondern dieses Bild enthält m.E. auch archaische Erlebniszüge und deswegen erinnert es mich auch an Geißlers Ausspruch, dass das allererste Körperbild wohl ein vestibuläres sei. Hier wird meines Erachtens auch schon deutlich, wie schwer wir uns tun, wenn wir diese averbalen und präverbalen Erfahrungen sprachlich festzuhalten versuchen. Bereits die Rede von einem Bild macht auf ein Logifizierungsproblem aufmerksam. Ein Bild ist etwas Gegenständliches, etwas Objektales, und eine bildhafte Vorstellung können wir uns bei einem Embryo schlecht vorstellen. Wenn also der Erwachsene von so einem Bild spricht, haben schon kognitive Transformierungen stattgefunden. Es ist die Frage, ob in diesen Zusammenhang nicht besser das sehr früh von Alfred Adler in die Psychoanalyse eingebrachte »Bewegungsmuster« passen würde. Die Rede von einem Bild verweist ja bereits auf eine optische bzw. gegenständliche Distanzierung. Hier wird deutlich, dass die bedeutenden phylogenetischen Entdeckungen der Evolution nur zu leicht den Bezug zu den Erlebensphänomenen verlieren, erst recht wenn sie nur noch durch eine introspektive Versenkung erahnbar sind. Auch der Begriff des Vestibulums oder die Anspielung auf das Vestibulum impliziert ein weiteres Logifizierungsproblem. Wenn ich lese, dass das frühe Ich zunächst ein vestibuläres sei, verstehe ich, was Geißler damit meint und stimme damit auch inhaltlich voll überein. Das Wort lenkt allerdings von den damit angesprochenen Erlebenszusammenhängen wieder ab. Kehren wir zu dem biografischen Bericht von Cremerius zurück. Die Art und Weise, wie er die Atmosphäre beschreibt und auch welche Atmosphäre er mit seinen Patienten herzustellen versucht, verweist meines Erachtens auf diese »vestibulären« Formen des Körperselbst. Sich wohlfühlen wie ein Fisch im Wasser ist – selbst, wenn es bei Cremerius noch als Metapher gemeint war – ein Hinweis auf früheste Formen des Verhaltens und Erlebens, die der phänomenologischen Erfassung bedürfen. Bei der Erfassung dieser Lebensformen ist aber der Hinweis auf das Vestibulum weder begrifflich (»Vorhalle«) noch stofflich (»Felsenbein«) passend, hier »schmeicheln« wir uns noch nicht genügend an die Phänomene an, um es in den Worten von Dilthey zu sagen. Es handelt sich um unpassende Kategorien, insofern sie das vermutliche Erleben einer gewissen »Schwebeexistenz« nicht fassen können.

Mit einem Versinken in die basalen Formen atmosphärischen In- und Mit-Seins ist auch eine Lockerung der gewordenen Strukturen und eine größere Beweglichkeit und Plastizität der Keimformen unseres Selbst verbunden. Das Seelische ist in diesem Zustande wieder stärker formbar, und zwar in beide Richtungen. Hier wird die Atmosphäre bedeutsam, die der Analytiker in seiner Praxis belebt und ausstrahlt. Hier werden auch die spannungsarmen Formen des Lernens, auf die uns die Säuglingsforschung aufmerksam macht und die allen sensiblen Eltern und Großeltern vertraut sind, praxeologisch relevant sein. Dornes (1993, 1997, 1999, S. 77ff.) stellt der analytischen Auffassung, welche die dramatischen Ereignisse der Kindheit betont (Geburt, orales Saugen, Abgestilltwerden, anale Machtthematik, ödipale Dramen), die Auffassung der Säuglingsforschung gegenüber, die die große Bedeutung des »low-tension-learning« hervorhebt und mit eindrücklichen Experimenten zeigt, dass die relativ spannungsarmen Alltagssituationen und ziemlich undramatischen Interaktionen mit den Eltern, die einen ganz überwiegenden Teil des kindlichen Lebens ausmachen, von großer, wenn nicht sogar von größerer Bedeutung für die Strukturbildung des Seelischen sind als die kurzen Augenblicke hoher Spannung.

Ein entwicklungspsychologisches Analysebeispiel

Abschließend möchte ich ein entwicklungspsychologisches Analogbeispiel mit meinem jüngsten Enkel berichten, das mich sehr berührt hat. In ihm sind Klang, Stimme und Bewegung besonders artikuliert und es hat grundlegende Bedeutung für die basalen Wirkungszusammenhänge tiefenpsychologischer bzw. psychoanalytischer Therapien. Während eines Nachmittages, als ich meinen jüngsten Enkel betreute und wir viele Spiele spielten, kam es zu einer gemeinsamen Aufführung, die ich lange in Erinnerung behalten werde, und vielleicht geht es ihm ja ähnlich. Ausgangspunkt war, dass wir im Verlauf unserer Spiele im elterlichen Wohnzimmer angekommen waren, wo er die große alte Gitarre seines Vaters, die mittlerweile zu seinem Spielzeug geworden war, ergriff, sein rechtes Bein etwas anwinkelte und dem relativ wuchtigen Klangkörper des Instrumentes auf seine Oberschenkel aufzulegen versuchte. Es war ein »goldiger Anblick«, diesen Kleinen von dreieinhalb Jahren mit der großen Gitarre seines Vaters, auf seinem abgewinkelten Bein gestützt, Töne machen zu sehen und zu hören.

Wie »von selbst« übernahm ich seine Töne in eigene Tanzbewegungen und Lautmalereien. So ergab sich durch meine Antwort ein wunderschönes Tanzspiel zwischen uns, Tüpker (2006) würde hier vermutlich von einer musikalischen Alltagsimprovisation sprechen. Mein Enkel griff meine Spielantwort gleich auf und hatte sofort verstanden, dass er mit der unterschiedlichen Form der Intonation bei mir auch unterschiedliche Bewegungen und Laute bewirken konnte. So formte ich seine mal leisen und mal lauteren, seine mal schnelleren und mal verzögerten Anschläge in entsprechende Tanzbewegungen um. Er jauchzte vor Vergnügen, und auch ich hatte meinen Spaß. Bald war ihm das Stehen zu unbequem und er hockte sich auf den Boden und legte die Gitarre aufrecht vor sich und konnte nun sein Spiel noch intensiver und vielfältiger variieren. Er zeigte ein Riesenvergnügen, mich in den verschiedensten Varianten und Weisen tanzen zu lassen. Immer wieder lachte er laut und begeistert mit. Schon ziemlich erschöpft – ich war es jedenfalls – sagte er schließlich: »Das ist lustig!« Ich glaube, ich habe mit ihm einen glücklichen Moment der Lebensfreude erlebt: sich wirksam und schöpferisch zu erleben, mit mir ein Tanzspiel zu schaffen, bewegt und bewegend, lustvoll und lebendig miteinander zu sein. Im freudigen Spiel werde nicht nur ich für ihn zu einem Entwicklungs- (A. Freud 1980) oder Verwandlungsobjekt (Bollas 1987), sondern das gleiche gilt auch umgekehrt. Wenn der Leser bedenkt, dass ich mich als »unmusikalisch« bezeichnen und ein Vorsingen als »höchstnotpeinlich« betrachten würde, habe ich quasi eine therapeutische Sitzung bei meinem jüngsten Enkel gemacht, insofern ich ohne Hemmung, ja ohne überhaupt an die Peinlichkeiten eigener Gesangsproben zu denken, froh und glücklich mit meinem Enkel gesungen und gejubelt habe. Es wäre natürlich psychologischer Unsinn, hier unser Erleben in einzelne Sinnesempfindungen zu zerstückeln. Das Beglückende und Heilsame dieser Erfahrung liegt sicherlich in der gemeinsamen Aufführung, in der gemeinsamen Gestaltung dieses beglückenden Spiels. Sein impliziter und in präsentischer Weise erfasster Sinn könnte in der freudigen existenziellen Resonanz liegen, die wir uns gegenseitig beschert haben (Heisterkamp 2003, 2007, 2009).

Das Beispiel ist von prototypischer Bedeutung für die stimmliche Dimension im psychotherapeutischen Austausch. Hier haben wir es mit entsprechend basalen Bewegungsmustern zu tun, wenn sie bei unseren Patienten auch stärker durch notgeborene Formen der Selbstunterdrückung im Dienste der Selbstsicherung bestimmt sind. Der für die Psychoanalyse charakteristische Kern des psychotherapeutischen Werkes, nämlich die Wirkungszusammenhänge zwischen Patient und Therapeut sind in einer analytischen Behandlungslehre in archaischen Modi der Erfahrungsbildung zu fundieren und als solche auch noch praxeologisch zu erschließen.

Ausblick

Isoliert betrachtet haben Klang und Stimme ihre eigenen Erlebensqualitäten: raumfüllend, durchdringend, bemächtigend, in eine gemeinsame Bewegung drängend. Zusammen mit den anderen Sinnesmodi bildet die Wahrnehmung wie verschiedene Instrumente eines Orchesters bedeutsame Erlebniseinheiten heraus. Sinnliche

Wahrnehmungen sind atmosphärische Wahrnehmungen. Die aus Erkenntnisgründen vorgenommene Isolierung eines Sinnes wird wieder aufgehoben, indem das Archaische und das Kontextgebundene der Sinneswahrnehmung in die Auffassung von Atmosphäre reintegriert werden. Ein folgender Artikel befasst sich deswegen mit den Sphären tiefenpsychologischer bzw. psychoanalytischer Behandlung. Er wird an klinischen Beispielen die folgenden Zusammenhänge erörtern,

- dass Therapeut und Patient beide aus archaischen Formen sphärischen In-Seins und Mit-Seins stammen und hier verschiedene Wirklichkeiten aufeinander stoßen;
- dass hierbei Wirklichkeiten nicht nur reinszeniert, sondern auch neu erzeugt werden und dass darin die Keimform für Veränderungen liegt;
- dass Atmosphäre von unmittelbarer archaischer Wirkmächtigkeit ist;
- dass dem atmosphärischen Geschen die Differenzierung zwischen Selbst und Objekt fehlt;
- dass das Atmosphärische über den stimmlichen (wie auch andere operativen Formen) unmittelbar spürbar ist und sich präsentische Formen der Sinnerfassung ereignen;
- dass durch das Ursprüngliche des Austauschs das Wirkungsgeschehen zwischen Patient und Therapeut besonders virulent ist und auch von Kontaktängsten, Sicherungs- und Abwehrformen auch aufseiten des Therapeuten geprägt ist;
- dass sich Veränderungen nur aus einem Stimmungsverlauf oder Atmosphärenwandel ergeben;
- dass »Atmosphäre« bzw. »Atmosphärenwandel« für die gefühlten und gespürten basalen Qualitäten steht, die sich durch das gesamte therapeutische Werk hindurchziehen und die operative Teilhabe das eigentliche Therapeutikum ausmacht.

Literatur

Bieri, P. (2005): Unser Wille ist frei. Der Spiegel 2, 10. Januar 2005, http://www.spiegel.de/spiegel/0,1518,336006,00.html. Zugriff 02.03.05.

Böhme, G. (1995): Atmosphäre. Suhrkamp, Frankfurt a.M.

Böhme, G. (2001): Aisthetik. Vorlesungen über Ästhetik als allgemeine Wahrnehmungslehre. Fink, München.

Bollas, C. (1987): Der Schatten des Objekts. Das ungedachte Bekannte: Zur Psychoanalyse der frühen Entwicklung. Klett-Cotta, Stuttgart.

Cremerius, J. (1994): Psychoanalyse als Beruf oder: »Zieh' aus mein Herz und suche Freud«. In: Hermanns, L. M. (Hg.): Psychoanalyse in Selbstdarstellungen. Bd. 2. Tübingen: Edition Diskord, S. 73–144.

Dilthey, W. (1894): Ideen über eine beschreibende und zergliedernde Psychologie. Gesammelte Schriften. Band V. Teubner, Stuttgart [3]1957, 1961.

Dornes, M. (1993): Psychoanalyse und Kleinkindforschung. Einige Grundthemen der Debatte. Psyche 47, 1116–1152.

Dornes, M. (1997): Die frühe Kindheit. Entwicklungspsychologie der ersten Lebensjahre. Fischer, Frankfurt a.M.

Dornes, M. (1999): Von Freud zu Stern. Klinische und anthropologische Implikationen der psychoanalytischen Entwicklungstheorie. Psychotherapeut 44, S. 74–82.

Elger, Ch.; Friederici, A. D.; Koch, Ch.; Luhmann, H.; von der Malsburg, Ch.; Menzel, R.; Monyer, H.; Rösler, F.; Roth, G.; Scheich, H.; Singer, W. (2004): Das Manifest. Elf führende Neurowissenschaftler über Gegenwart und Zukunft der Hirnforschung. Gehirn und Geist 6, http://www.gehirn-und-geist.de/artikel/852357&_z=798884, Zugriff 25.10.04.

Freud, A. (1980): Wege und Irrwege in der Kinderentwicklung. In: Die Schriften der Anna Freud. Bd. VIII. Kindler, München, S. 2121–2359.

Fuchs, Th. (2008): Leib und Lebenswelt. Neue philosophisch-psychiatrische Essays. Die Graue Edition, Kusterdingen.

Geißler, P. (2007): Entwicklungspsychologisch relevante Konzepte im Überblick. In: Geißler, P.; Heisterkamp, G. (Hg.): Psychoanalyse der Lebensbewegungen. Zum körperlichen Geschehen in der psychoanalytischen Therapie. Springer, Wien, S. 99–164.

Geißler, P. (2008): Die Körperpsychotherapie im Spiegel der Säuglingsforschung. In: Psychosomatische Klinik Bad Neustadt (Hg.): Körper und Psyche im psychotherapeutischen Kontext. Die körperbezogene Psychotherapie als Zugang zu psychosomatischen Erfahrungen. Psychosomatische Klinik Bad Neustadt, S. 92–104.

Geißler, P. (2009): Analytische Körperpsychotherapie. Psychosozial-Verlag, Gießen.

Heisterkamp, G. (2002): Basales Verstehen. Handlungsdialoge in Psychotherapie und Psychoanalyse. Pfeiffer bei Klett-Cotta, Stuttgart.

Heisterkamp, G. (2003): Geteilte Freude ist doppelte Freude. In: Bartosch, E. (Hg.): Der »Andere« in der Selbstpsychologie. Verlag Neue Psychoanalyse Wien, Wien 2003, S. 135–168.

Heisterkamp, G. (2005): Psychotherapeutische Atmosphäre und seelisches Wachstum. In: Lehmkuhl, U. (Hg.): Die Bedeutung der Zeit. Zeiterleben und Zeiterfahrung aus Sicht der Individualpsychologie. Vandenhoeck und Ruprecht, Göttingen, S. 207–236.

Heisterkamp, G. (2006): Atmosphärische Bedingungen psychotherapeutischer Behandlung. Psychosozial 29 (4), 33–47.

Heisterkamp, G. (2007): Shared Joy in Psychoanalytical Treatment. Selbstpsychologie 8, 365–386.

Heisterkamp, G. (2009): Der alte Großvater und der Enkel. Psychotherapie im Alter 6(3), 339–351.

Leikert, S. (2006): Die Lust am Zuviel. Der Wirkungsraum der Instrumentalimprovisation. In: Tüpker, R.; Schulte, A. (Hg.): Tonwelten: Musik zwischen Kunst und Alltag. Zur Psycho-Logik musikalischer Ereignisse. Psychosozial-Verlag, Gießen, S. 51–65.

Leikert, S. (2007): Die Stimme, Transformation und Insistenz des archaischen Objekts – Die kinetische Semantik. Psyche 61, 463–492.

Maiello, S. (1999): Das Klangobjekt. Über den pränatalen Ursprung auditiver Gedächtnisspuren. Psyche 53, 137–157.

Pflichthofer, D. (2005): Hörräume – Klanghüllen. Die Stimme als ästhetisches Element in der analytischen Aufführung. Forum der Psychoanalyse 21, 333–349.

Pflichthofer, D. (2007): Sich anstecken lassen – Das Unheimliche der Leibhaftigkeit. In: Müller, M.; Wellendorf, F. (Hg.): Zumutungen. Die unheimliche Wirklichkeit der Übertragung. Edition Diskord, Tübingen, S. 238–260.

Pflichthofer, D. (2008): Performanz in der Psychoanalyse: Inszenierung – Aufführung – Verwandlung. Psyche 62, 28–50.

Salber, W. (1965): Morphologie des seelischen Geschehens. Henn, Ratingen.

Salber, W. (1988): Der psychische Gegenstand. 6. Auflage. Bouvier, Bonn.

Sloterdijk, P. (2000): Sphären I: Blasen. Suhrkamp, Frankfurt a.M.

Straus, E. (1956): Vom Sinn der Sinne. Springer, Berlin, Göttingen.

Tüpker, R. (2006): Musikalische Improvisation im Alltag. In: Tüpker, R.; Schulte, A. (Hg.): Tonwelten: Musik zwischen Kunst und Alltag. Zur Psycho-Logik musikalischer Ereignisse. Psychosozial-Verlag, Gießen, S. 145–174.

Günter Heisterkamp, Prof. Dr. phil., Lehranalytiker (DGIP, DGPT), langjähriger Vorsitzender am Alfred-Adler-Institut Düsseldorf e.V., em. Hochschullehrer an der Universität-Gesamthochschule Essen.
Adresse: Stolsheide 5, D-40883 Ratingen-Hösel
E-Mail: guenter.heisterkamp@gmx.de

Bernd Oberhoff, Sebastian Leikert (Hg.)

Opernanalyse

Musikpsychoanalytische Beiträge

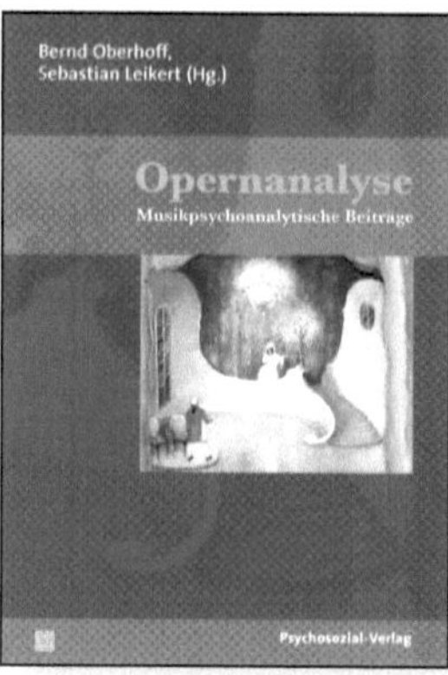

2009 · 232 Seiten · Broschur
ISBN 978-3-8379-2024-6

Oper ist Seelendrama und fordert die Psychoanalyse heraus, beim Verstehen jener vielschichtigen Vorgänge behilflich zu sein. Dieser Sammelband zeugt davon, dass das Operngeschehen eminent psychologisch ist und wie entwicklungs- und persönlichkeitspsychologische, ja, psychopathologische Phänomene in den Opern von Monteverdi bis Britten thematisiert werden. Die neuen und tiefgründigen Einsichten, die dieser Band vermittelt, machen klar, welche bislang noch unausgeschöpften Erkenntnismöglichkeiten die Musikpsychoanalyse bietet.

Mathias Hirsch

Die Matthäus-Passion Johann Sebastian Bachs

Ein psychoanalytischer Musikführer

2008 · 156 Seiten · Broschur
ISBN 978-3-89806-755-3

Bachs Matthäus-Passion wird musikwissenschaftlich, theologisch und v.a. psychoanalytisch als wundervolle musikalische Darstellung eines Dramas von Liebe, Verrat, Verlust und damit Schuld verstanden. Die Matthäus-Passion ist eine musikalische Trauerarbeit, die zur Versöhnung mit tragischen Aspekten des Menschseins führt. Die wenigen Monografien zur Matthäuspassion werden hier durch eine einzigartige Untersuchung ergänzt, die musikwissenschaftliche, theologische und psychoanalytische Aspekte vereinigt.

Kann man Heilungsprozesse hören und fühlen?

Die musikalischen Eigenschaften mentaler Transformationsprozesse[1]

Reinhard Plassmann

Zusammenfassung: Bei der genaueren Beschäftigung mit seelischen Wachstums- und Transformationsprozessen bemerkt man sowohl klinisch wie wissenschaftlich rhythmische, musikalische Phänomene. Die Arbeit beschreibt verschiedene unterscheidbare Muster: Mentalisierungsmuster, Muster in der Regulation der Emotionsstärke, rhythmische Wechsel zwischen negativem und positivem emotionalem Material, sowie Dialogmuster. Aus der systematischen Arbeit mit solchen Prozessmustern ergibt sich eine *Prozessorientierte Psychotherapie.*

Schlüsselwörter: Transformationsprozess; Mentalisierung; Prozessmuster; prozessorientierte Psychotherapie; Rhythmus

Abstract: By more diligently delving into mental processes of development and transformation, rhythmic musical phenomena can be detected on a clinical level as well as on a scientifical level, This article depicts various distinguishable patterns: patterns of mental processing, patterns of regulation of the extent of emotion, rhythmical change from emotionally negative to emotionally positive material, and patterns of dialogue. The scientific work on these patterns of process yields a process-oriented psychotherapy.

Key words: transformation process; mental processing; process pattern, process-oriented psychotherapy; rhythm

Resumen: Al ocuparse con detalle de los procesos psíquicos de crecimiento y transformación, pueden advertirse tanto clínica como científicamente fenómenos rítmicos musicales. Este trabajo describe diferentes patrones diferenciables: patrones de mentalización, patrones en la regulación de la intensidad emocional, cambios rítmicos entre material emocional negativo y positivo, así como patrones de diálogo. A partir del trabajo sistemático con tales patrones de proceso resulta una *psicoterapia orientada al proceso.*

1 Überarbeitete und erweiterte Fassung eines Vortrags, gehalten am 2. 12. 2008 im Institut für Psychoanalyse Tübingen.

Palabras clave: procesos de transformación; mentalización; ritmo; patrón de proceso; psicoterapia orientada al proceso

Einleitung

Wenn wir in der Psychotherapie seelische Transformationsprozesse beobachten, so fällt immer wieder auf, dass diese sich nicht kontinuierlich und linear, sondern diskontinuierlich und rhythmisch vollziehen. Der innere Austausch zwischen den verschiedenen Repräsentanzebenen des Körperlichen, des Emotionalen und des Bewussten vollzieht sich als schwingende Bewegung. Ebenso der Wechsel zwischen negativen und positiven emotionalen Komplexen und die Regulation der Emotionsstärke. Auch im Dialog zwischen Patient und Therapeut lassen sich rhythmische Muster beobachten.

Die Emotionsregulation zeigt auch melodische Eigenschaften mit bestimmten Verlaufskonturen, in denen sich ein, so könnte man sagen, emotionaler Akkord entfaltet, wieder abklingt und in die momentane Melodie der Emotionen einfügt. Diese musikalischen Eigenschaften seelischer Prozesse. Der Frühromantiker Friedrich von Hardenberg, der sich Novalis nannte, drückte das so aus: »Jede Krankheit ein musikalisches Problem – ihre Auflösung eine musikalische Auflösung.«

Es ist die Idee eines »schwingenden Lebens«. Seelische Heilungsprozesse scheinen sich rhythmisch zu organisieren und die Sprache nimmt diesen Rhythmus auf. Der Hörer weiß somit etwas darüber, wie sich in diesem Moment beim Gegenüber die Verarbeitung der Inhalte vollzieht: stockend oder fließend. Falls das zu frühromantisch ist, hier eine leicht bizarre Studie folgenden Inhalts (Bryant und Haselton 2008): 38 Studentinnen höherer Semester gaben während vier Monaten Stimmproben ab. 17 Frauen hatten einen natürlichen Zyklus und 21 Frauen nahmen die Pille ein. Die Aufzeichnungen wurden 30 Studenten und 30 Studentinnen vorgespielt, um die Attraktivität der Sprache nach einer 100 Punkte Skala zu bewerten. An den Tagen ihrer größten Fruchtbarkeit hatten die Frauen nach Einschätzung der Hörer eine besonders schöne, wohlklingende und verführerische Stimme. Die Bewertungen der männlichen und weiblichen Einschätzer waren nicht verschieden. Kein Effekt wurde bei Frauen gefunden, die die Pille einnahmen.

Das bedeutet, der Patient und die Patientin auf der Couch weiß, wann die Psychoanalytikerin fruchtbare Tage hat oder ob sie die Pille nimmt. Der Analytiker, ebenso wie die Analytikerin, weiß das gleiche von der Patientin. Irgendwie ist den Inhalten der Stimme ein Muster eingewoben, was man hören kann, vollkommen unabhängig vom Inhalt der Worte.

Die Indiskretion dieser einmodulierten Metamuster mag irritieren, sie geben aber Information über etwas, was in der Tiefe der Person geschieht, natürlich nicht nur über die Hormone, sondern auch über Heilungsprozesse. Mich erinnert diese Studie an die. Zeit der hölzernen Segelschiffe. Es sind Berichte überliefert von Kapitänen, die nachts aus der Koje sprangen und wussten, dass eine Küste näher kommt, noch lange, ehe sie zu sehen war. Tiefes Wasser erzeugt nämlich andere Rhythmen als flaches und der Seemann fühlt das ebenso wie die Analytikerin.

Auch Richard Wagner war überzeugt, dass Schwingung das grundsätzliche Ordnungsprinzip des Universums sei. Was er hierzu gesagt hat, scheint mir nicht Mystik, sondern nüchterne Beobachtung seiner eigenen Kreativität. Diese wenig bekannten Äußerungen fielen in seinen Gesprächen mit Engelbert Humperdinck (Abell 1995). Wagner erzählt:

> »Ich bin überzeugt, dass allumfassende Ströme göttlicher Gedanken existieren, die überall im Äther schwingen und dass jeder, der diese Schwingungen wahrnehmen kann, inspiriert wird, vorausgesetzt, er ist sich des Vorganges bewusst und besitzt das Wissen und das Geschick, sie in überzeugender Weise darzustellen, sei er Komponist, Architekt, Maler, Bildhauer oder Erfinder […]. Ich glaube zunächst, dass diese universale schwingende Kraft die menschliche Seele mit der allmächtigen Zentralkraft verbindet, aus der das Lebensprinzip stammt, dem wir alle unser Dasein verdanken. Diese Kraft stellt für uns das Bindeglied zur höchsten Macht des Weltalls dar, von dem wir alle ein Teil sind. Wäre es nicht so, könnten wir uns nicht in Verbindung damit setzen. Wer dies zu tun vermag, wird inspiriert […]. Ich habe sehr bestimmte Eindrücke bei jenem tranceähnlichen Zustand, der die Voraussetzung für jede schöpferische Bemühung ist. Ich spüre, dass ich mit dieser schwingenden Kraft eins bin, dass sie allwissend ist und dass ich aus ihr in einem Ausmaß schöpfen kann, das nur von meiner eigenen diesbezüglichen Fähigkeit begrenzt wird« (Rauchfleisch 1986, S. 139–140).

Wagner macht uns hier klar, dass er Schwingung für ein universales Grundprinzip hält sowohl im Außen des Universums, wie auch im Innen unseres Unbewussten, im tranceartigen Zustand wahrgenommen. Die Quantenphysik hat das bestätigt.

Ich möchte hier eine Hypothese aufstellen: Schwingung, also Rhythmus, ist ein universelles Ordnungsprinzip. Nur was rhythmisch aufeinander abgestimmt ist, bildet ein Ganzes. Biologische Systeme sind stets bestrebt, kohärente Rhythmen zu erzeugen, sowohl in ihren Subsystemen, wie auch in ihrer Abstimmung auf ihre Umgebung.

Biologische Systeme unterscheiden sich von Maschinen dadurch, dass sie sich aktiv koordinieren und sie tun das auch, um sich zu erholen. Kohärenz, Synchronisierung, Rhythmisierung ist der energiesparendste, erholsamste Modus für das biologische System (Moser 2004).

Man kann das als Mikroerholung am Herzen sehen im Zusammenspiel von Sympatikus und Vagus und kann dann die Herzschlagvariabilität messen. Die Herzfrequenz variiert in einem langsamen Grundrhythmus etwa fünf Mal pro Minute, ein zweiter, lange Zeit unbekannter Herzrhythmus, die Herzschlagvariabilität. Sie zeigt an, ob das Herz im kohärenten, rhythmisierten oder chaotischen, entrhythmisierten Zustand ist. Sie spiegelt die emotionale Verfassung exakt wieder. Perlitz hat das gleiche Phänomen eines langsamen Heilungsrhythmus in den Durchblutungsschwankungen der Haut beim autogenen Training gemessen (Perlitz 2004).

Chaos und Kohärenz

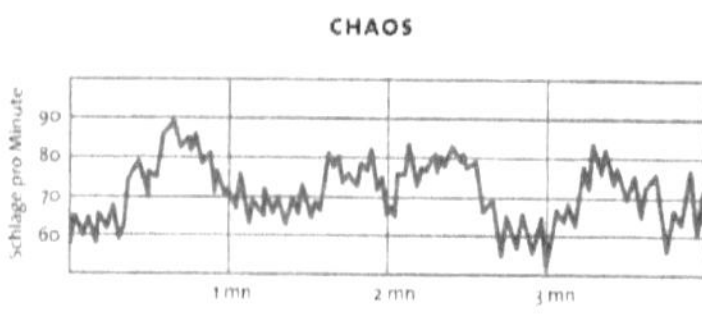

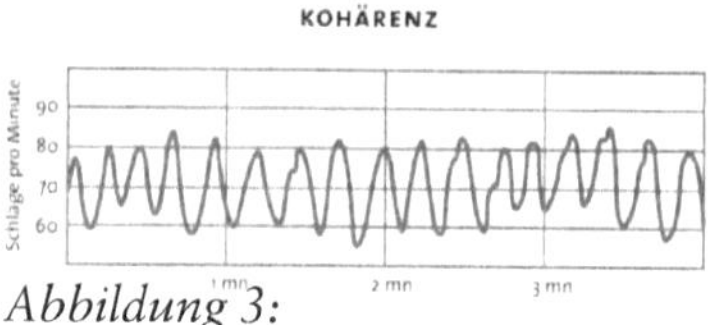

Abbildung 3: Herzschlagvariabilität

Man kann das sehr deutlich auch am Schlaf sehen. Erholsam ist nur ein Schlaf, in dem sich ruhige Schlafphasen und unruhiger Traumschlaf rhythmisch abwechseln, etwa im Abstand von 90 Minuten (Moser 2004).

Nun könnte man natürlich eine gesunde Rhythmisierung des Organismus und eine kohärente Emotionsverarbeitung als etwas ansehen, was dem Wohlbefinden zwar nützlich ist, für die Lebensbewältigung und das Überleben aber nicht unbedingt erforderlich wäre. Dem läge die Vorstellung eines Menschen zugrunde, der maschinenartig seine Leistung abgibt, wenn es von ihm verlangt wird, ohne Kohärenz und Rhythmus zu brauchen. Wir könnten dann die Beschäftigung mit der rhythmischen Natur alles Lebendigen in den Bereich des Schöngeistigen und der Wellness verweisen und uns nicht weiter damit aufhalten.

An dieser Stelle rate ich, mit einer originellen Studie zu argumentieren, die an österreichischen Bauarbeitern durchgeführt wurde (Moser 2004). In dieser Studie, im Auftrag der größten österreichischen Unfallversicherung, der AUVA, wurde Eurythmie gezielt als Rhythmusgeber auf Baustellen eingesetzt, um Arbeitsunfälle zu reduzieren. Bauarbeiter gehören zu der Berufsgruppe mit der größten Anzahl von Unfällen – bis zu 5% schwere Unfälle pro Quartal. Die Bauarbeiter großer Baustellen in Graz wurden mit Messgeräten zur Herzfrequenzmessung ausgestattet und in einem Interventionsprogramm betreut, in dem Eurythmie neben konventionellen körperbezogenen Übungen eine wesentliche Rolle spielte. Einerseits wurden damit die koordinativen und sozial übenden Fähigkeiten genutzt, andererseits wurde die Eurythmie als Rhythmusgeber eingesetzt.

Bereits im Einzelfall zeigte sich, dass die prognostizierte Wirkung der Eurythmie als Rhytmusgeber tatsächlich eintrat und eine deutliche Verbesserung der Schlafqualität beobachtet werden konnte. Ein weiteres unerwartetes Ergebnis war die vollständige Reduzierung der Unfälle auf allen behandelten Baustellen. Obwohl der Interventionszeitraum nur drei Monate dauerte mit jeweils zweimaliger Intervention pro Woche, wurde auch drei Quartale nach Ende der Interventionen kein schwerer Unfall mehr beobachtet. Die koordinativen Fähigkeiten, die durch die Eurythmie gewonnen wurden, halfen den Bauarbeitern auch beim Versetzen von Baublöcken: Sie berichteten, dass diese anstrengende Arbeit wesentlich schneller vonstatten ging, seitdem die »merkwürdige« und zunächst belächelte Rhythmustherapie durchgeführt wurde.

Lassen Sie uns die Erkenntnis im Sinn, dass die Bildung von Ganzheit, Gesundheit und Erholung im Kern Rhythmisierungsvorgänge sind, nun der Psychotherapie näher kommen.

Ich habe Psychotherapie immer so verstanden, dass ich versucht habe, ein Gefühl dafür zu bekommen, wann etwas stockt und wann etwas heilt. Bei aller Faszination für die reichen Erkenntnisse, die uns bspw. die Psychoanalyse über die Inhalte unbewussten Denkens und Fühlens gezeigt hat, hat mich stets noch mehr der Prozess interessiert, der Vorgang, in dem aus etwas Gestörtem etwas Normales wird.

Ich gewöhnte mir also an, gleichsam bifokal wahrzunehmen: Zum einen die Inhalte, also das Gesprochene, Gefühlte, Geträumte und zum anderen den Prozess, also die Muster, in denen sich diese Kategorie der Inhalte entweder löst oder nicht löst. Ich nenne das eine *prozessorientierte Behandlungstechnik* (Plassmann 1996, 2007, 2009).

Arbeitet man so, dann wird immer und immer wieder deutlich, dass sich seelische Heilungsprozesse rhythmisch vollziehen.

Was ich bislang davon verstanden habe, will ich nun versuchen, kurz zusammen zu fassen, um dann eine einfache und wirksame Behandlungstechnik zu zeigen – das Kurz-EMDR – mit der sich solche mentalen Rhythmisierungs- und damit Heilungsprozesse fördern lassen.

Rhythmus und Bindung

Die Boston Change Prozess Study Group

Eine Gruppe psychoanalytischer Autoren hat im Kontext der Säuglingsbeobachtung Transformationsprozesse beobachtet und sehr viel Sorgfalt auf deren Beschreibung und auf die Modellentwicklung verwendet. Ich möchte auf die Untersuchungen der Boston change prozess study group deshalb näher eingehen, weil hier nach meinem Dafürhalten ein sehr nützliches psychoanalytisches Modell für seelische Transformationsprozesse entstanden ist.

Die change prozess study group wurde Anfang der 80er Jahre in Boston gegründet, ihr gehörten bekannte Kinder- und Erwachsenenanalytiker- und analytikerinnen an, beispielsweise Daniel Stern, Beatrice Beebe, Frank Lachmann, Joseph Jaffe. Die Arbeitsgruppe ist seit nunmehr über 20 Jahren damit befasst, in Videoanalysen Muster der Mutter-Kind-Interaktion zu beschreiben, daraus

Modelle für Beziehung, Interaktion, Bindung und Transformation zu formulieren und diese Ergebnisse dann in Erwachsenenanalysen zu überprüfen. Letzteres ist insbesondere das Verdienst von Beatrice Beebe und Frank Lachmann (2004).

Die Säuglingsforschung mit ihrer Methodik der Videoanalyse deckt nun Stück für Stück Regulationsmuster im Kind und zwischen Kind und Mutter auf, von denen angenommen wird, dass sie sich infantil bilden und lebenslang als Organisatoren aktiv bleiben. Völlig unabhängig vom jeweiligen Inhalt zeigen sich rhythmische Regulationsvorgänge, von denen anscheinend Entwicklung und Gesundheit der Kinder abhängen.

Beebe et al. (2002) untersuchten die vokale Koordination zwischen Mutter und Kind, das Wechselspiel von stimmlichen Äußerungen und Sprechpausen bei viermonatigen Säuglingen und ihren Müttern. Im Alter von 12 Monaten wurde dann überprüft, ob die Kinder normale oder pathologische Bindungsmuster entwickelt hatten. Man erwartete natürlich, dass Muster von perfekter vokaler Koordination gut sein würden für die Entwicklung, sah aber etwas anderes. Kinder mit maximaler vokaler Koordination mit ihren Müttern entwickelten sich schlecht, ebenso Kinder mit minimaler Koordination. Gute Entwicklung fand sich bei Koordinationsmustern von mittlerer Güte. Beebe und Lachmann (2004) nennen diesen Befund das *Balancemodell des Mittelbereichs* und schreiben: »Dieses Prozessmuster gilt vollkommen unabhängig vom jeweiligen emotionalen und thematischen Inhalt und lässt sich problemlos auf die analytische Arbeit übertragen« (S. 226).

Beebe et al. (2002) nehmen diese Beobachtung, dass weder die Hypersynchronisation des Dialogs noch das chaotisch Asynchrone, sondern der Mittelbereich zu sicherer Bindung und seelischem Wachstum führte zum Anlass, ein allgemeines Transformationsmodell zu formulieren. Sie schreiben:

> »Wir ziehen die nicht-lineare dynamische Systemtheorie heran, um dieses hohe Ausmass an Rhythmus-Koordination zu interpretieren. Danach ist Rigidität ein Kennzeichen für Pathologie. Das optimale offene System ist variabler und flexibler, was wiederum auch für die Beschreibung des sicheren (B) Bindungstyps zutrifft [...].
>
> Unsichere Bindungsergebnisse wurden also sowohl durch den hohen als auch durch den niedrigen Pol des Kontinuums vorhergesagt. Im Rahmen einer mittleren Ausprägung der Koordination ist beides enthalten, sowohl eine zwischenmenschliche Koordination und Korrespondenz innerhalb der Dyade als auch ausreichender Raum für Ungewissheit, Variabilität und einzigartige Initiativen, die vorrübergehend von der Dyade abgekoppelt sein können« (S. 66).

Sie führen damit unter der Bezeichnung *Theorie nicht-linearer dynamischer Systeme* das Modell der Selbstorganisation in die Psychoanalyse ein, ebenso wie das auch Daniel Stern in seinen neueren Publikationen (Stern 2005) mit großer Konsequenz vertritt. Kerngedanke ist, dass der Transformationsprozess dann optimale Bedingungen vorfindet, wenn das komplexe System Patient und das komplexe System Therapeut den richtigen Rhythmus, d.h. den kreativen Eigenrhythmus der Interaktion in jedem Moment selbstorganisatorisch entstehen lassen. Diese Muster der Koordination sind keine Eigenschaft der Inhalte, sondern etwas Drittes zwischen Therapeutin und Patient. Sie werden weder nur vom Einen noch vom Anderen erzeugt, sondern sie sind in jedem Moment der Analysestunde präexistent und wollen sich realisieren. Die Kunst liegt nicht im Tun, sondern im Lassen (Plassmann 2007, 2009).

Prozessmuster in der Therapie

Ebenso wie in der Säuglingsforschung, lässt sich auch im psychotherapeutischen Geschehen sowohl der individuelle Intrapsychische, wie auch der interaktionelle Prozess auf seine Muster in untersuchen.

Die nach meiner Erfahrung am häufigsten zu beobachtenden rhythmischen Prozessmuster sind:

Mentalisierungsmuster und Interaktionsmuster

Rhythmische Prozessmuster in der Therapie:

•**Mentalisierungsmuster:** Prozesse gestörter oder nicht gestörter innerer Kommunikation zwischen Köperlichkeit, Emotion und Bewusstsein.
•Muster in der **Regulation der Emotionsstärke**
•**Bipolare Rhythmen:** Gelingende oder scheiternde Oszillation zwischen negativem und positivem emotionalem Material
•**Dialogmuster:** Gelingende oder scheiternde Rhythmisierungsvorgänge der Dialogstruktur in Bezug auf Wechselseitigkeit, Rhythmus und Tempo.

Abbildung 4: Prozessmuster in der Therapie

Das Bilden neuer Repräsentanzen scheint ein rhythmischer Vorgang zu sein. Im Nachdenken und Verarbeiten kommuniziert die höhere Repräsentanzebene in einem rhythmischen Geschehen mit den jeweilig niedereren, also vorgelagerten Repräsentanzebenen. Der Vorgang würde von frühen Zeichentheoretikern wie C. S. Peirce (Uexküll, Geigges, Plassmann 2002) postuliert und von der modernen Neurobiologie voll bestätigt.

Die basale Repräsentanzebene des *Protoselbst* enthält unbewusste Repräsentanzen von Körpervorgängen, also alles was wir an unbewusstem Wissen über den Körper haben. Damasio (2000) nennt diese Zeichen *Emotion*, auf der Ebene des Protoselbst noch unbewusst. Diese Körperrepräsentanzen werden auf der Ebene des *Kernselbst* integriert zu neuen, komplexeren psychischen Objekten. Aus unbewusster Emotion wird bewusstes *Gefühl*, das seinerseits auf der höchsten Repräsentanzebene des autobiografischen Selbst zu neuen, bewusstseinsfähigen psychischen Objekten integriert wird: Das autobiografische Narrativ, die Sprache.

In der Stunde sehen wir die Oszillationsvorgänge im Wechsel von Denken und Sprechen, als Bewegung zwischen den Repräsentanzsystemen: Mal mehr Körperliches, dann mehr Emotionales, dann mehr Begriffliches, Bewusstes und umgekehrt.

Nach meiner klinischen Erfahrung sind diese Eigenrhythmen des Denkens gut wahrnehmbar, auch in ihren Störungen.

Will ein Patient sich durch sehr schnelles, intellektuelles Sprechen den Kontakt mit Gefühl, Emotion und Körper ersparen, so werden wir nicht nur die Beschleunigung des Tempos, sondern auch die Starre des Verhaftetseins an eine Repräsentanzebene wahrnehmen. Gesunden Symbolisierungsrhythmen scheint hingegen eigen, dass sie ständig *spielen*, d.h. leicht variieren. Sie sind nie starr. Der Gegenpol zur Starre wäre der chaotische Rhythmus: Plötzliche, regellose, eher psychotische, also desintegrierte Einschübe aus anderen Repräsentanzebenen. Den Mittelbereich des normalen rhythmischen Pendelns zwischen den Repräsentanzebenen können wir, einem Vorschlag von Servan-Schreiber (2004) folgend, *kohärent* nennen. Die gleichen Phänomene können wir an unseren eigenen Denkvorgängen beobachten. Sie sind dann am gesündesten und kreativsten, wenn sie ihren optimalen Eigenrhythmus der Bewegung zwischen den einzelnen Repräsentanzebenen als Eigenregulation und in der rhythmischen Koordination mit dem Patienten gefunden haben. Dies sind letztlich musikalische Prozesse.

Das gleiche gilt für interaktive Abstimmungsvorgänge. Der mentale Apparat des Patienten nimmt regelmäßig durch rhythmische Koordination mit dem Analytiker Kontakt auf, um die Koordination gleich darauf wieder zu unterbrechen und dann erneut herzustellen. Mentales Wachstum ist dann zu erwarten, wenn diese Koordination weder hypersynchron noch asynchron, sondern ausbalanciert im Mittelbereich liegt (Jaffe et al. 2002).

Solche Prozessmuster sind ebenso Bestandteil des Übertragungsgeschehens, wie alles andere Material. Sie haben eine aktuelle Geschichte in der Begegnung zweier Personen und sie haben eine infantile Genese, wenn sich Bindungstraumata in pathologischen Prozessmustern wiederholen und aktuelles seelisches Wachstum stören. Die technische Konsequenz wäre die *Prozessdeutung*, beginnend mit der Klarifikation, welche Mentalisierungsmuster im Moment der Stunde auftreten, ob sie gesund wirken oder nicht, an welcher Stelle der Stunde und warum Störungen auftraten und welche.

Nach meiner Auffassung ist die Sorge für kohärente Denk- und Kommunikationsprozesse in der Therapie eine gemeinsame Aufgabe von Analytiker und Patient, also ein Bestandteil des Arbeitsbündnisses.

Muster der Emotionsregulation

Blutdruck oder Pulsfrequenz können zu hoch oder zu niedrig sein, beides ist nicht gesund. So scheint es sich auch mit der Stärke der Emotionen zu verhalten. Weil Emotionen zentrale Organisatoren mentalen Geschehens sind, wird es so sein, dass zu schwache Emotion nichts bewegt, es kommt kein Transformationsprozess in Gang. Das wäre beispielsweise eine Patientin, die über das, was sie emotional berührt, nicht spricht, sondern über einen Pseudofokus, die Stunde bleibt infolgedessen fühlbar leblos. In den Therapiestunden lassen sich dann emotionale Minuszustände beobachten, wie *das Ummanteln* und *das Umwandern* des emotionalen Belastungsmaterials (Walker 2008), Dissoziation auf beiden Seiten, Beschäftigung mit emotional unbesetztem Pseudomaterial. Umgekehrt sehen wir an Patienten mit traumatisch starken negativen emotionalen Erfahrungen, wie ein zuviel an Emotionsstärke den gesamten davon berührten Bereich der Persönlichkeit an normaler Entwicklung gehindert hat, bis in die aktuelle Stunde hinein. Die Stunde wiederholt das Trauma, indem eine emotionale Erregung von gleichsam toxischer Stärke den Transformationsprozess blockiert. Pluszustände zeigen dann ebenfalls die fehlende Verarbeitung des pathologischen emotionalen Materials an: Impulsdurchbrüche, Übererregung, Störungen der Symbolisierungsfähigkeit, Störungen des Denkens, Sprachzerfall und eine allgemeine Überflutung und Paralyse des gesunden Teils der Persönlichkeit.

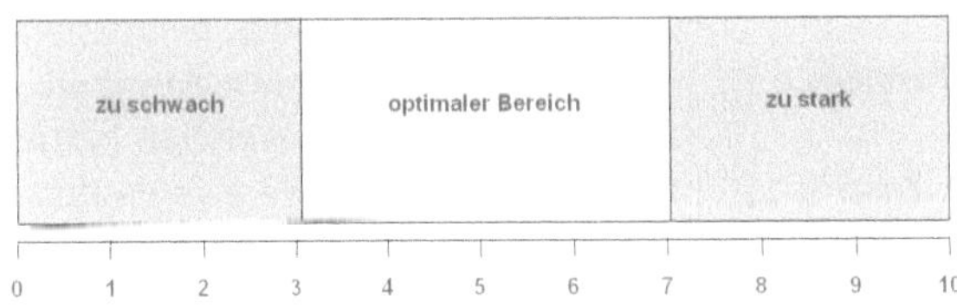

Abbildung 5: Window of Tolerance

Beide Grenz-Zustände können wir als Analytiker wahrnehmen. Ein im Moment der Therapiestunde gut funktionierender Heilungsprozess wäre erkennbar an einem ständigen autoregulativen Pendeln der Emotionsstärke um den optimalen Mittelbereich herum. Anders ausgedrückt: Die Patientin reguliert die emotionale Annäherung und Distanzierung an ihr Thema selbstständig so, dass die schädlichen Extreme korrigiert werden, so wie auch Blutdruck und die Herzfrequenz niemals konstant sind, sondern sich ständig um einen Mittelbereich spielend auf den im Moment richtigen Wert einregulieren.

Wir erleben dann, wie die gesunde Persönlichkeit in der Stunde präsent und aktiv ist, das pathologische Material verändert sich im Moment des Geschehens der Stunde, kreative neue Aspekte werden geboren, der Dialog mit dem Therapeuten ist unbeeinträchtigt, Bewusstsein, Sprache und ein mehr an innerer

Ordnung entstehen. Die Sprache hat dann die komplexe Struktur, die ihr im gesunden Zustand eigen ist (Gutwinski-Jeggle 2003). Die von Danckwardt (2006) so bezeichnete Performance ist, wie ich vermute, eine Mischung aus beidem: Hochaktives negatives Material hat eine beide Beteiligten mitreissende Kraft, dennoch sind Heilungsprozesse möglich, indem etwas Altes aktualisiert, neu gestaltet und dabei auch transformiert werden kann.

Auch diese Prozessmuster der Emotionsregulation sind ein Hier und Jetzt Geschehen, was aber Geschichte hat. Es ist Wiederholung und es ist Übertragung und somit auch Gegenstand der Deutungstätigkeit mit Klarifikation der emotionalen Regulationsmuster, sowohl der normalen, wie der pathologischen und, wenn es an der Zeit ist, Übertragungsdeutung und genetischer Rekonstruktion.

Bipolare Rhythmen

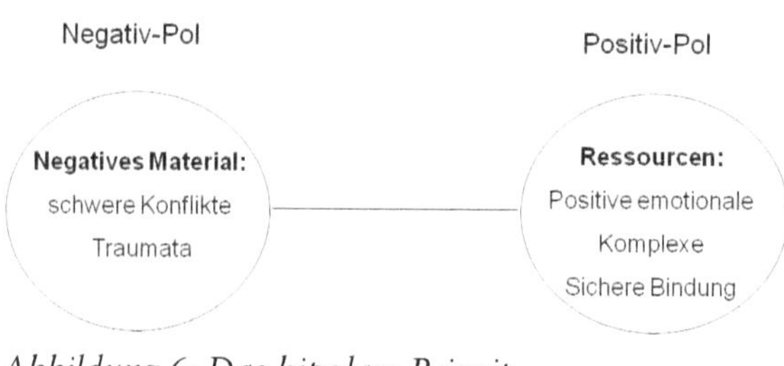

Abbildung 6: Das bipolare Prinzip

Der Begriff der *Ressource* gehört bislang nicht zur analytischen Terminologie. Damit wäre begrifflich all jenes positive emotionale Material gemeint, was in der Stunde auftaucht als inneres Gegengewicht gegen negatives, krankmachendes, belastendes emotionales Material.

Von welcher Natur ist dieses positive Material? Besteht es aus Gedanken? Dann wäre es explizit-deklaratives Material. Oder sind es positive Emotionen und positive Körperrepräsentanzen, die den Kern von Ressourcen bilden? Dann wäre es in der Terminologie von Beebe und Lachmann (2004) implizites, primär nichtsprachliches Material.

Diese Frage ist noch nicht eindeutig beantwortbar. Ich neige zu der Auffassung, dass Ressourcen im Kern positive Emotionen sind, die in der Gegenwart der Stunde einen Ausbreitungs- und Wachstumsprozess beginnen, der sich mit der Bewusstwerdung abschließen möchte.

Der australische Analytiker Neville Symington schreibt im International Journal (2007):

> »Es gibt ein gesundes Ich, es begrüßt einen unterentwickelten embryonalen Teil der Person, der sich durch diese Begrüßung verändert. Das kann nur bedeuten, dass dieses

> begrüßende Ich und das Begrüßte zwei verschiedene Substanzen sind, sie kommen zusammen und formen eine neue Verbindung, verschieden von beidem, was vorher war« (S. 1418).

Wie hat man sich dieses Zusammenkommen von negativem und positivem Material, von Begrüßendem und Begrüßtem vorzustellen? Betrachtet man in der Stunde den Prozess selbst, so sieht man, dass der Transformationsprozess anscheinend einen jeweils optimalen Eigenrhythmus im oszillierenden Wechsel zwischen negativem und positivem Material anstrebt. Auch dieses Prozessmuster ist störbar, infantil erlittenes und fixiertes Gestörtsein wird in der Stunde wiederholt, das Prozessmuster wird in all seinen Facetten übertragen. Man wird dann in der Stunde beobachten, dass in der rhythmischen Oszillation zwischen negativem und positivem Material Störungen auftreten. Prozessbezogene Deutungen werden solche Vorgänge, sowohl die Normalen wie die Pathologischen, klarifizieren, eigene Beobachtungen mit denen der Patientin vergleichen, die Störung ebenso wie die Nicht-Störung deuten und rekonstruieren.

Kasuistik

Frau H. rief mich an, um eine Behandlung zu beginnen. Sie ist Anfang 50, sie lebt und arbeitet in einer weit weg gelegenen Großstadt, von wo sie mit dem Zug zu ihren Stunden kommt. Sie sagte, es sei an der Zeit, ihre Bulimie, die sie seit 28 Jahren praktiziere, zu beenden. Darüber, warum sie sich an mich wandte, weiss ich nur, dass sie auf einer Weiterbildung meinen Namen gehört habe im Zusammenhang mit Essstörungen. Von dem weiten Weg macht sie kein Aufhebens, sie kommt in nicht ganz regelmäßigen Abständen einige Male im Monat.

1. Vignette: Interaktive Regulierung

Es hätte meiner Arbeitsweise entsprochen, mit ihr das bulimische Verhalten genau durchzusprechen, um die Heimlichkeit zu beenden und den kranken Persönlichkeitsbereich anzuerkennen. Ich konnte dann an mir selbst beobachten, dass ich davon abwich. Es gab keine ausführliche Krankheitsanamnese, sondern im Prozess der Therapie hat sie das Tempo selbst bestimmt, mit dem sie mir ihre bulimische Seite zeigte.

Meine Aktivität beschränkte sich auf Wahrnehmen und klarifizierendes Fragen zu bestimmten Momenten in der Stunde, wenn sie zögerte und offenbar am Suchen war, was und wie sie vom Bulimiematerial jetzt im Moment erzählen wollte. Ich habe dann auf dieses Stocken angesprochen, gefragt, ob es, wie ich vermute, ein Suchen ist nach der richtigen Weise des Umgangs mit dem Thema.

Warum? Ich meine, dass sich erst ein gemeinsamer Rhythmus von Annäherung und Distanzierung im Umgang mit ihrer bulimischen Persönlichkeit bilden musste oder anders ausgedrückt: Vielleicht brauchte sie die Erfahrung, dass die Beschäftigung mit diesem Thema auf abgestimmte Weise vor sich geht. Ich vermute das und meine, dass ich damit zwar einige Fakten von Dauer, Häufigkeit und Praktiken der Bulimie nicht erfuhr, aber einige andere ebenfalls wichtige Informationen stattdessen erhielt: Zum bulimischen Komplex muss kommunikative Gewalt gehört haben, die sie von mir erwartete und ich erfuhr im Positiven, dass sie im Stande war mich zu lehren, wie gewaltfrei mit dem bulimischen Persönlichkeitsbereich in der Stunde umgegangen werden kann.

Zu Übertragungsdeutungen oder Rekonstruktionen dieses Suchens nach einem Kommunikationsrhythmus oder seinen Störungen kam es in den ersten Stunden von meiner Seite nicht. Sie hat das insofern selbst übernommen, als sie von ihrem Vater erzählte, der alles Kindliche und später alles Weibliche an ihr hemmungslos beschämend angriff, bis hin zu körperlicher Gewalt.

Mittlerweile gibt es ein zuverlässiges Wissen über normale und nicht normale Dialogstile in der Stunde, über deren Verlust und Wiedererwerb.

2. Vignette: Muster der Emotionsregulierung

In den Stunden nehme ich häufig eine Art emotionalen Wellengang wahr. Es sind viele Worte in ihr, sie ist klug, belesen und denkt über sich, ihre Krise und über ihre Therapiestunden gründlich nach. All die Worte, die dabei entstehen, können Abschnitte der Stunde füllen. Ich kann dann zwei unterschiedliche Rhythmen, Melodien sind es noch nicht, wahrnehmen. Im einen Rhythmus folgen die Worte einander in eher hohem Tempo, sie sind klug und ich kann auch folgen, sie scheint dabei aber emotional eher unberührt. Ich bemerke dann in mir selbst eine subtile Verlangsamung, die, wie ich vermute, aus einer Einstimmung von den expliziten Wortinhalten auf die impliziten emotionalen Vorgänge entsteht. Manchmal spreche ich das auch aus, meist als Frage an die Patientin, wie sie Rhythmus und Tempo der bisherigen Stunde empfindet, ob die Stunde in ihrem Rhythmus angekommen ist. Meist führt das zu einer Verlangsamung mit weniger Worten, mehr Aufmerksamkeit nach Innen, zu nachdenklichen Pausen, in denen sie nicht spricht. In einer Stunde, es war erst die fünfte, sagte sie nach einer solchen nachdenklichen Pause: »Wissen Sie, die drei Wochen seit der letzten Stunde waren lang. Es war mir aber wichtig zu wissen, dass ich es auch drei Wochen lang alleine kann. Es gab Momente, wo ich mich so hilflos gefühlt habe, ich habe mich geschämt für meine Essstörung.« In diesem Moment in der Stunde fühle ich, dass sie stark in Kontakt ist mit belastendem emotionalem Material. Ich weiss natürlich nicht genau, was es ist, allenfalls ungefähr, bin mir aber auf der Prozessebene sehr sicher, dass sie es ertragen kann. Sie ist in diesem Moment nicht im traumatischen Bereich überstarker Emotion, aber viel fehlt nicht.

Sie denkt an ihre Tochter, die ihr erstes Kind nicht beruhigen konnte und deshalb sich selbst überließ und nun jede Gelegenheit sucht, um ihr, der Patientin, Vorwürfe zu machen, sie sei eine schlechte Mutter und Schuld an den Schwierigkeiten der Tochter mit der Enkelin. Sie weint hier tief und schmerzlich, ohne viel zu sprechen.

Es entspricht mittlerweile meiner Arbeitsweise, mir nicht nur über das Was, die Inhalte, Gedanken zu machen, sondern noch mehr Gedanken über das Wie der emotionalen Annäherung: Ist dieser emotionale Komplex des verlassenen Kindes jetzt im Moment der Stunde in einem heilsamen Fluss? Während ich mich das fragte (ich bin überzeugt, unsere Patienten merken solche still gestellten Fragen an einem subtilen Innehalten) sagte sie: »Was mir gerade in den Sinn kommt, ist ein Gefühl von Zorn. Ich fühle das in der Brust und besonders im Bauch, wo sonst die Bulimie ist. Ich habe Einiges ganz gut gemacht als Mutter, ich brauche mich nicht zu verstecken«. Sie war nun in ganz anderer Verfassung, ich würde sagen vergnügt. Ich sagte ihr, nach meiner Wahrnehmung habe sie gerade eben starken Kontakt mit Belastungsmaterial gehabt, ich sei am Überlegen gewesen, ob sie Hilfe brauchte, als sie am Weinen war, hätte mich aber dagegen entschieden. Nach meinem Eindruck sei dann etwas Gesundes vor sich gegangen. Obwohl ich natürlich nicht genau wüsste was, sei mir aufgefallen, dass ihr Zorn den Übergang zum Gesunden gerade eben hergestellt hätte.

In dieser Vignette waren mir die Regulationsmuster der Emotionsstärke aufgefallen, erst Untererregung, dann hohe Belastung, dann Normalisierung. Dabei war schon ein Weiteres zu erkennen: Ein innerer selbstorganisatorischer Übergang von einem negativen emotionalen Komplex zu offenbar damit verknüpftem positivem Material. Inhaltlich sind davon einige Elemente bekannt: Ein positives Körpergefühl, Emotionen von Zorn, die ihr im Moment der Stunde in Bezug auf dieses Material zu helfen schienen und zugehörige Gedanken: Ich brauche mich nicht zu verstecken.

Diese Muster rhythmischer Oszillation zwischen offenbar zusammengehörigen negativen und positiven Materialkomplexen beobachte ich mittlerweile sehr genau und beziehe sie in die prozessbezogene Deutungsarbeit mit ein. Methodisch ist mir wichtig: ich brauche Sicherheit auf der Ebene der Prozessmuster, auf der Ebene der Inhalte kann ich dann mit Vorläufigkeit gut leben.

3. Vignette: Mentalisierungsmuster

Nach einer mehrwöchigen Therapieunterbrechung durch meinen Urlaub kommt sie zur ersten Stunde. Sie denkt kurz nach, womit sie beginnt und erzählt dann, dass es ihr in Bezug auf ihre Bulimie sehr gut gehe, sie habe sogar, früher un-

denkbar, Kuchen gegessen und einige starke Belastungssituationen gut durchgestanden, ohne Rückfall. Ihr Stolz klingt an, ihre Erleichterung und gleichzeitig ein Ernst, weil sie jetzt beginnt, eine wenige Tage zurückliegende Krisensituation zu erzählen. Sie war mit ihrem Mann bei Bekannten zu Besuch, insgesamt drei Ehepaare. Der Gastgeber hatte eine etwas aufdringliche Art, alle zum gemeinsamen Saunagang aufzufordern mit reichlich Bier trinken. Der Gedanke war ihr zuwider, sodass sie alleine im Wohnzimmer blieb, während die fünf übrigen in die Sauna gingen. Der Gastgeber kam zwischen jedem Saunagang noch oben, schaute nach ihr, nicht jedoch ihr Mann. Sie erwähnte, dass seine Abwesenheit sehr schlimm für sie war und gebrauchte einige starke Worte, die mir auffielen: »Es war wie sterben«. Sie verfolgte dann einige Gedanken über dieses Ereignis. Mein Eindruck war, dass nur ein Teil des Ereignisses in die Stunde gekommen war, nämlich die Worte, nicht hingegen ihre Emotionen und nicht ihre Körperreaktion. Ich sagte ihr das. Sie schaute mich direkt an, nahm offenbar nochmal Kontakt mit diesem Ereignis auf und sagte: »Der schlimmste Moment war: ich sitze im Wohnzimmer, mein Mann ist nicht da, ich verliere seinen Körper. Das war ein Schmerz in mir, hier im Brustkorb und im Bauch. Ein unglaubliches Einsamkeitsgefühl.« Sie weinte, atmete tief, ich war mir sicher, dass sich erst jetzt die Begegnung mit diesem Material komplettiert hatte. Ich gab ihr an dieser Stelle eine Prozessdeutung, indem ich ihr sagte, wie gut sie nach meiner Beobachtung in dieser eben zurückliegenden Sequenz die Welt der Gedanken mit denen der Gefühle und der Körpergefühle verbinden konnte, sodass ein Ganzes entstand. Im Rest der Stunde ergaben sich sowohl die Gelegenheit zu einer Übertragungsdeutung über mein Wegsein und eine genetische Deutung, die von ihr selbst kam: Solche Gefühle hätte ihre Mutter dem Vater gegenüber niemals ertragen, sondern mit depressiver Leblosigkeit ummantelt.

Die Technik des Kurz-EMDR

EMDR ist keine psychoanalytische Technik, dennoch für viele Analytiker, auch mich, sehr interessant, zum Einen weil sie mein Wissen über Transformationsprozesse verbessert und zum Anderen, weil sie mir schon in vielen extrem schwierigen stationären Behandlungen geholfen hat. Das ist ein Argument, was für den rein wissenschaftlich Tätigen nicht zählt, für mich als Kliniker allerdings sehr wohl.

Worum geht es?

EMDR entstand aus der Zufallsbeobachtung, dass bilaterale Augenbewegungen eine zuverlässige deblockierende Wirkung auf den mentalen Transformationsprozess haben. Dieser empirische Befund ist seit seiner Erstbeschreibung durch Shapiro (1989) vielfältig untersucht worden und sicher belegt. EMDR gilt als wissenschaftlich sehr gründlich fundiertes Verfahren, das Standardprotokoll wird deshalb sehr wahrscheinlich in der BRD in die Richtlinien Psychotherapie aufgenommen.

Dieses Standardprotokoll ist aber mit vielen Patienten nicht anwendbar, nicht mit den instabilen komplex traumatisierten und persönlichkeitsgestörten Patienten auf niedrigem Strukturniveau, die wir stationär behandeln und auch nicht mit Kindern. Hier hilft die Technik des Kurz-EMDR, die wir den Kindern abgeschaut haben: Kurze Episoden langsamer Augenbewegungen in Situationen traumatischer Übererregung oder dissoziativer Blockierung, ohne dass irgendein darüber hinaus gehendes Eingreifen in den freien Fluß des assoziativen Narrativs erforderlich wäre. Nach einem solchen kurzen Augenbewegungs-Set hat sich die Übererregung oder die Dissoziation zuverlässig normalisiert, der weitere Transformationsprozess folgt selbstorganisatorisch seinem eigenen assoziativen Fluß. Vermutlich beruht die Wirkung darauf, dass rhythmische Augenbewegungen die Fähigkeit haben, inkohärente, chaotische mentale Prozesse zu rhythmisieren und kohärente Muster zu erzeugen. Im Psychotherapielabor sind starke Effekte von Augenbewegungen auf das vegetative Nervensystem gefunden worden, die diesen Schluß zulassen (Sack 2007, 2009). Den Übergang vom Inkohärenten zum Kohärenten können wir auch klinisch an den Augen selbst beobachten. Wir machen beim Kurz-EMDR lediglich drei Augenbewegungs-Sets, in denen die Patientin mit den Augen entweder ihren eigenen Fingern oder wenn sie es wünscht, auch den Fingern der Therapeutin folgt. Bei der ersten Augenbewegung sieht man häufig noch ruckartige unkoordinierte Bewegungen der Augäpfel. Bei der zweiten Augenbewegung eine stark verbesserte Flüssigkeit und bei der dritten Augenbewegung ein weiches koordiniertes Gleiten der Bulbi von einer Seite zur anderen und zurück. Gleichzeitig setzen vegetative Veränderungen ein, die wir ebenfalls wahrnehmen können, die Patienten entspannen sich, atmen tiefer durch, fangen ganz häufig an zu lächeln. Die emotionalen Veränderungen beschreiben uns die Patienten im Anschluß an diese kurze Übung als ein Verschwinden des traumatischen Blockierungsgefühls und ein Wiedereinsetzen des kreativen Gedankenflußes.

Wenn es so einfach ist, und es ist so einfach, dem Gehirn bei seiner therapeutischen Arbeit zu helfen, dann liegt eigentlich der Schluß nahe, dass der Mensch nicht nur regelmäßig schlafen, essen und trinken, sondern auch ein wenig EMDR machen sollte, um die therapeutische Arbeit zu erleichtern.

Schluss

Es war meine Absicht, eine Vermutung so deutlich auszuformulieren, wie es mir derzeit möglich ist. Wir können das reiche Wissen der Psychoanalyse von den unbewussten psychischen *Inhalten* ergänzen um die Beobachtung und Beschreibung der *Muster*, die der Transformationsprozess in der Stunde erzeugt. Die Modellbildung des Transformationsprozesses ist in lebhafter Entwicklung, innerhalb und außerhalb der Psychoanalyse.

Diesen Prozessmustern ist gemeinsam, dass sie keine lineare, sondern eine rhythmische, musikalische Textur haben. Wir können sie gleichwohl behandlungstechnisch wie jedes andere Material auch in die Deutungstätigkeit einbeziehen, mit einem Deutungstyp, den ich *Prozessdeutung* nenne.

Ich persönlich priorisiere mittlerweile in der Deutungsarbeit die Beschäftigung mit Prozessmustern solange, wie schwere Störungen der Transformationsprozesse vorliegen, die eine erfolgreiche Arbeit an den Inhalten verhindern würden. Was mich dann immer wieder erstaunt, ist die Leichtigkeit, mit der Inhalte bewusst werden können, häufig ohne mein Zutun. Der Widerstand gegen die Bewusstwerdung geht anscheinend stark zurück, wenn ein zur Verarbeitung kompetenter psychischer Apparat aktiv ist.

Fazit für die Praxis

Aus der Beobachtung, dass seelische Transformationsprozesse eine eigene beschreibbare Gesetzmäßigkeit haben, ergibt sich die behandlungstechnische Konsequenz, nicht nur auf psychische Inhalte zu achten, sondern auch auf die jeweils zu beobachtenden Prozessmuster, auf die sich eine prozessorientierte Interventionstechnik richtet.

Literatur

Abell, A. M. (1955): Talks with Great Composers. New York, Philos. Library.

Beebe, B.; Lachmann, F. et al (2002): Koordination von Sprachrhythmus und Bindung. Systemtheoretische Modelle. In: Brisch, K. H. et al : Bindung und seelische Entwicklungswege. Klett-Cotta Verlag.

Beebe, B.; Lachmann, F. (2004): Säuglingsforschung und Psychotherapie Erwachsener: Wie interaktive Prozesse entstehen und zu Veränderungen führen. Klett-Cotta Verlag.

Bryant, G. A.; Haselton, M. G. (2008): Vocal cues of ovulation in human females. Online 8. October 2008, Biol. Lett.

Danckwardt, J. F. (2006): Der Einriss in der Beziehung des Ichs zur Außenwelt und seine Performance als Restitutionversuch – eine Einführung. Jahrbuch der Psychoanalyse 53, S. 11–27, 2006.

Damasio, A. R. (2000): Ich fühle also bin ich. List Verlag, München.

Gutwinski-Jeggle, J. (2003): Zur Rolle der Sprache im Rahmen einer psychoanalytischen Theorie der Symbolbildung. Psyche 57.

Moser et al (2004): Jede Krankheit ein musikalisches Problem. Die Drei 8–9/2004. S. 25–34.

Perlitz, V. et al. (2004): Synergetik der hypnoiden Relaxation. In: Psychotherapie, Psychosomatik, medizinische Psychologie 6, Georg Thieme Verlag, Stuttgart, S. 231–264.

Plassmann, R. (1996): Körperpsychologie und Deutungstechnik: Die Praxis der Prozeßdeutung. Forum der Psychoanalyse 12, S. 19–30, Springer-Verlag.

Plassmann, R. (2007): Die Kunst des Lassens. Psychosozial-Verlag, Gießen

Plassmann, R. (Hrg) (2009): Im eigenen Rhythmus. Psychosozial-Verlag, Gießen.

Rauchfleisch, U. (1986): Mensch und Musik, Amadeus Verlag.

Servan-Schreiber, D. (2004): Die neue Medizin der Emotionen. Stress, Angst, Depression: Gesund werden ohne Medikamente. Kunstmann, München.

Sack, M. (2007): Aktuelle Befunde zu Wirkfaktoren der EMDR-Behandlung. Vortrag auf der Herbsttagung des Psychotherapeutischen Zentrums Bad Mergentheim. 14.–15.09.07.

Sack, M. (2009): Aktuelle Befunde zu Wirkfaktoren der EMDR-Behandlung: Plassmann, R. (Hg.) Im eigenen Rhythmus. Psychosozial-Verlag.

Shapiro, F. (1989): Efficacy of the eye movement desensitization procedure in the treatment of traumatic memories. Journal of Traumatic Stress Studies,2, 199–223.

Stern, D (2005): Der Gegenwartsmoment. Brandes und Apsel.

von Uexküll, T.; Geigges, W.; Plassmann, R. (2002): Integrierte Medizin. Modell und klinische Praxis. Schattauer.

Walker, Ch. (2008): Rückzug in Kunstwelten – Unerreichbarkeit und Beharrungsvermögen im analytischen Prozess. Vortrag auf der 3. Internationalen Deutschsprachigen Psychoanalytischen Tagung 11.–14. September 2008, Berlin.

Reinhard Plassmann, Prof. Dr. med., Facharzt für Neurologie, Psychiatrie und Psychotherapeutische Medizin, Psychoanalytiker, Ärztlicher Direktor am Psychotherapeutischen Zentrum Bad Mergentheim.
Adresse: Fichtenweg 22, D-36251 Bad Hersfeld
E-Mail: Plassmann@t-online.de

Die stimm-körperliche Beziehung in der Psychotherapie

Die Rolle der kinetischen Semantik in der psychotherapeutischen Veränderungsarbeit

Sebastian Leikert

Zusammenfassung: Mit dem Begriff der kinetischen Semantik beschreibt der Autor in Auseinandersetzung mit dem Konzept der autistisch-berührenden Position nach Ogden einen frühen und sinnlich dominierten Modus der psychischen Organisation. Dabei wird die Rolle der stimm-körperlichen Beziehung betont. Diese Prozesse spielen in unterschiedlicher Ausprägung in Kunst, Religion und Psychotherapie eine Rolle. In diesen drei Formen der privilegierten Erfahrung geht es darum, symbolische Prozesse und sinnliche Erfahrung (kinetische Semantik) in Austausch miteinander zu bringen. Es wird jeweils innerhalb eines definierten rituellen Rahmens oder Settings eine verändernde Erfahrung angestrebt, indem symbolische Elemente in einem archaischen Wahrnehmungsmodus nicht mehr rational, sondern mutativ sinnlich erfahren werden. Gewichtig sind jedoch auch die Unterschiede: während die Religion diesen Übergangsraum mit vorgefertigten moralischen Geboten wieder verschließt, unternehmen Kunst und Psychotherapie eine ethische und offene Suche nach Sinn. Kunst ist dabei auf die Herstellung allgemeingültiger Werke ausgerichtet, während die Psychotherapie die verändernde Macht ganz in den Dienst des Individuums stellt.

Schlüsselwörter: ästhetischer Prozess; kinetische Semantik; Körper; Moral vs. Ethik; Religion; Stimme

Abstract: By using the concept of kinetic semantics the author characterizes a mode of early developmental stages of psychological organisation which is dominated by the senses. He analyzes it in regards to Ogden's concept of the autistic-touching-position. In that matter the vocal-body-focussed relationship is accentuated. These processes are relevant to a various extent for the arts, religion and psychotherapy. In these three forms of priviliged experience the main concern is the mutual exchange of symbolic processes and sensual experience (kinetic semantics). Within each defined ritual framework or setting an experience of change is aspired by the sensual experience of symbolic elements in an archaic mode of perception in a mutative sensual way, rather than a rational way. However, also the differences are of significance: while religion occludes this space of transition with cut and dried moral commandments, art and psychotherapy take steps towards an ethical and open search for meaning. Art is geared towards the production of universally valid creations, whereas psychotherapy commissions its transforming power to the individual.

Key words: aesthetic process; kinetic semantics; body; morals vs. ethics; religion; voice

Resumen: El autor describe con el concepto de la semántica kinética, en discusión con el concepto de la posición autista-contigua de Ogden, una modalidad temprana y de predominio sensorial de la organización psíquica. Se enfatiza el papel de la relación entre voz y cuerpo. Estos procesos juegan un papel diferencial en el arte, la religión y la psicoterapia. En estas tres formas de experiencia privilegiada se trata de colocar en un intercambio procesos simbólicos y experiencia sensorial (semántica kinética). Se busca respectivamente en el interior de un marco o setting ritual definido una experiencia transformada al experimentarse elementos simbólicos en una modalidad arcaica de percepción ya no de forma racional, sino de forma sensorial mutativa. Sin embargo, las diferencias son de peso: mientras que la religión vuelve a cerrar ese espacio transicional con mandatos morales dados de antemano, el arte y la psicoterapia realizan una búsqueda ética y abierta de sentido. El arte está orientado a la producción de obras de valor general, mientras que la psicoterapia coloca el poder transformador del todo al servicio del individuo.

Palabras clave: proceso estético; semántica kinética; cuerpo; moral vs. ética; religion; voz

Körpertherapie und ästhetischer Prozess

Ästhetische Prozesse fußen auf der inneren Organisation sinnlicher Wahrnehmungen und weisen von daher eine Nähe zu den Vorgängen der Körpertherapie auf, die ja auch eine komplex organisierte Schicht des Seelenlebens aufgreift, die jenseits von Wort und Vorstellung erkennbar ist. An anderer Stelle habe ich versucht zu zeigen, dass mein zur Erklärung der Musik erarbeitetes Konzept der kinetischen Semantik auch für klinische Fragestellungen Aspekte bereitstellen kann (Leikert 2007a, 2008, 2009). Die geheime Affinität zwischen einer Psychoanalyse der Musik und der analytischen Körperpsychotherapie zeigt sich auch darin, dass viele theoretische und inhaltliche Schwerpunkte sich überschneiden. In beiden Bereichen geht es ja um die Würdigung früher und frühester Formen der psychischen Organisation. Um eine Organisation des psychischen Erlebens und Beziehungsverhaltens, das bis in die vorgeburtliche Zeit hinein zurückverfolgt wird und in dessen Regulierung das körperliche Geschehen eine tragende Rolle spielt. Die Pränatalforschung, ebenso wie die Säuglingsbeobachtung, die

Intersubjektive Position und die Berücksichtigung körperlich vermittelter Formen der Beziehungsregulierung sind für beide Gebiete von Interesse (Janus 2005, Stern 1985, 2005, Threvarthen 2002).

Mein Beitrag bezieht sich ja zunächst einmal auf die Musik. Seit etwa 20 Jahren versuche ich, etwas Psychoanalytisches zur Musik zu formulieren und bin, was die genetischen Aspekte angeht, auf den Umstand gestoßen, dass die vorgeburtlich gehörte Stimme als das erste emotional bedeutsame Objekt des Menschen angesehen werden muss (Maiello 1999, Leikert 2005). Die Stimme vermittelt die erste konturierte und emotional differenzierte Botschaft des Objekts an das Subjekt.

Des weiteren wird diese Botschaft der Stimme nicht sprachlich decodiert sondern vernommen, indem im Körperselbst die Spannungsfolge der Sprachmelodie abgebildet wird. Das Ungeborene rezipiert die Stimme durch den erlebten Körper. Diese *stimm-körperliche Beziehung* ist die erste Beziehung des Menschen überhaupt. Der Begriff der *kinetischen Semantik* beschreibt den Modus dieser Beziehung.

- Kinetisch bedeutet, dass in dieser Beziehung die Bedeutung über eine Folge von Spannungswerten aufgebaut und transformiert wird.
- Semantik bedeutet, dass hier nicht irgendwelche dumpfen und amorphen »Proto-Erfahrungen« vorhanden sind, sondern dass, innerhalb einer bestimmten Form des psychischen Geschehens, äußerst differenzierte Dinge formuliert werden können – man denke an eine Sinfonie, das ist ja eine kulturelle Höchstleistung in einer bestimmten Sprache, d.h. in einer bestimmten Semantik formuliert sind.

Hier möchte ich nun versuchen, zu zeigen, dass die kinetische Semantik auch in der Psychotherapie eine Rolle spielt. An anderer Stelle habe ich dies bereits an einer Kasuistik geschildert (2008) und auch in der Bedeutung für ein Verständnis der Psychose ausgeführt (2009).

Konsens besteht also hinsichtlich der enormen Bedeutung der körperbezogenen Organisationsformen psychischen Erlebens für die Kultur und für die Psychotherapie. Peter Geißler hat hierfür den Begriff der »Lebensbewegung« geprägt (Geißler 2009).[1] Es gibt jedoch auch einen Differenzpunkt, der meine Arbeit

1 Der Begriff der »Lebensbewegung« wurde erstmals von G. Heisterkamp eingeführt, und zwar in folgenden Publikationen: Konturen einer tiefenpsychologischen Analyse originärer Lebensbewegungen. Teil I und II. Zeitschrift für Individualpsychologie 15, 1990, 83–95 und 163–176. Und: Freude und Leid frühkindlicher Lebensbewegungen. Empirische Säuglingsforschung und tiefenpsychologische Entwicklungstheorien. In: T.Ahrens und U. Lehmkuhl (Hrsg.): Entwicklung und Individuation. Beiträge zur Individualpsychologie 14, Reinhardt, München Basel 1991, 24–41. In »Psychoanalyse der Lebensbewegungen« wurde der Begriff der »Lebensbewegung« von Geißler und Heisterkamp gemeinsam weiterverwendet (Anmerkung des Herausgebers).

ungeachtet der vergleichbaren Zielrichtung unterscheidet. Geißlers Begrifflichkeit orientiert sich am Gedanken der *Ganzheit*, während mein Verständnis nicht ganzheitlich, sondern am Begriff des *Diskurses* ausgerichtet ist.

Im ganzheitlichen Denken wird davon ausgegangen, dass die verschiedenen Organisationsformen auseinander hervorgehen, sich durchdringen und das eine im anderen weiterlebt. Vor allem aber impliziert der Gedanke der Ganzheit ein In-Sich-Abgeschlossen-Sein psychischer Formationen. Meine Gedanken sehe ich eher in der *diskursiv-linguistischen* Tradition *Lacans* der die Unabschließbarkeit des Begehrens betont.

Was ist der Unterschied und warum ist das wichtig? Ich möchte einen einzigen Punkt herausheben. Ich glaube nicht, dass sich die einzelnen Bestandteile der menschlichen Kommunikation ganzheitlich durchdringen und wechselseitig beeinflussen. Ich betone eher, dass jede Semantik also vor allem die lexikalische Semantik (Lacan würde sagen, das Symbolische) und die kinetische Semantik (ein Begriff, für den wir im Freudschen oder Lacanschen Werk keine Entsprechung finden, da er innovativ ist) vollkommen unterschiedliche Formen der Beziehung und Erfahrung mit sich bringen und einander ausschließen.

Meine Annahme ist, dass man *entweder* im Modus der kinetischen Semantik erlebt *oder* im Modus der lexikalischen Semantik. Anders gesagt, das normale Ich, das in der lexikalischen Semantik, der Welt der festen Bedeutungen und der Distanz zum Objekt zu Hause ist, scheut die kinetische Semantik wie der Teufel das Weihwasser.

Das Profane und das Heilige

Kinetische und lexikalische Semantik sind unterschiedliche Sprachen, unterschiedliche Formen der Objektbeziehung die sich wechselseitig ausschließen. Um eine erste inhaltliche Orientierung zu liefern sei das Begriffspaar lexikalisch vs. kinetisch mit anderen Begriffspaaren umschrieben, nämlich mit den Begriffspaaren

- sprachlich vs. körperorientiert,
- realitätszugewandt vs. ästhetisch und
- profan vs. heilig.

Der Begriff des Heiligen beinhaltet eine gewisse Provokation, aber eine, welche zum Kern der Fragestellung nach dem Wesen der Psychotherapie führt. Meine Überzeugung ist, dass wir es in der Psychotherapie auch mit dem Bereich zu tun haben, der anthropologisch dem Heiligen zugeordnet ist und den, über weite Zeitstrecken, die Religion ganz für sich requiriert hatte. Und ich halte es für klärend, das ethische Verständnis unseres Berufs sehr genau von der moralischen Infamie des Religiösen abzugrenzen.

Die Fragestellung

Nachdem der Kontext meines Fragens durch einige Begriffe umrissen wurde, richtet die Formulierung der Fragestellung den Gedankengang auf ein Ziel aus. Es geht um die Rolle der stimm-körperliche Beziehung in der psychotherapeutischen Veränderungsarbeit und die hier vertretene These ist einfach: in der psychotherapeutischen Veränderungsarbeit spielen basale, körperlich fundierte Prozesse eine entscheidende Rolle. Um verändernd zu wirken muss sich das psychotherapeutische Gespräch in der kinetischen Semantik verankern, sonst kommt es zu keiner verändernden Begegnung. Anders gesagt, wenn die psychotherapeutische Arbeit bloß realitätsorientiert ausgerichtet wird, kann nicht mehr bewirkt werden als dies in der Verhaltenstherapie angestrebt wird, es resultiert ein Anpassungstraining an die Realität sozialer Normen. Erst wenn wir die Beziehung im kinetisch-körperlichen oder ästhetischen Bereich verankern können wir wirklich verändernd auf die psychische Struktur einwirken. Diesen Gedanken möchte ich in mehreren Schritten entwickeln:

- Zunächst soll der stimm-körperliche Modus des Erlebens von Bedeutung untersucht werden. Hier geht es um die Frage nach der Sinnlichkeit. Was ist genau gemeint, wenn von Sinnlichkeit die Rede ist?
- Kinetische Semantik meint ein Zentrieren der psychischen Vorgänge auf Wahrnehmungsprozesse; mit dieser Umfokussierung ist aber auch eine charakteristische Veränderung der Objektbeziehung zu konstatieren.
- Der Wechsel in der Struktur der Objektbeziehung ist Angst auslösend und braucht aus diesem Grund einen besonderen ästhetischen oder rituellen Rahmen oder ein therapeutisches Setting.
- Die kinetische Beziehung weicht Subjekt-Objekt-Grenzen auf. Sie ist fusionell und löst deshalb Angst aus. Diese Grenzauflösung ist jedoch für eine Reihe von privilegierten Erfahrungen kennzeichnend. Diese Erfahrungen unterscheiden sich radikal von der Alltagserfahrung und sind vom Alltag durch eine deutliche Grenze abgeschirmt. Zu diesen Erfahrungen rechne ich die religiöse Erfahrung, die ästhetische Erfahrung und die therapeutische Erfahrung. Diese Erfahrungen brauchen, um zu wirken, einen besonderen durch einen definierten Rahmen geschützten Ort.
- Abschließend werde ich versuchen zu zeigen, wie das konkret in der therapeutischen Arbeit aussieht, d.h. an welchen Stellen die kinetische Semantik ins Spiel kommt und warum sie so wichtig für eine mutative Erfahrung ist.

Die Sinnlichkeit in der Psychoanalyse

Um die Rolle der Sinnlichkeit in der Psychoanalyse zu untersuchen sei kurz auf die Anfänge der Psychoanalyse verwiesen. Welchen Ort weist Freud der Sinnlichkeit in der *Traumdeutung* zu (Freud 1900)? Das sogenannte *sensorische Ende* der Verarbeitung steht ja am Anfang der Traumbildung. Ein sensorischer Reiz erreicht den Träumer und taucht dann ein in die Welt von Vorstellungen, Bildern und in Bilder rückübersetzte Gedanken. Die Rolle der Sinne ist bei Freud die einer Eingangstür: man geht hindurch – und fertig. Die Struktur entsteht erst durch die imaginäre und symbolische Verarbeitung des Reizes in den Traumgedanken und manifesten Inhalten.

Von dieser Missachtung der Sinnlichkeit hat sich die Psychoanalyse bis heute nicht wirklich emanzipiert. Natürlich ist mit der Säuglingsbeobachtung ein neues Kapitel aufgeschlagen worden, es ist deutlich geworden, dass es auch jenseits von Vorstellung und Sprachsymbol Beziehung und Beziehungsregulierung gibt. Aber es bleibt eine noch nicht geschlossene Kluft, zwischen diesen Beobachtungen und der psychoanalytischen Theorie. Es gibt noch keine Begrifflichkeit, die den Ort der Sinnlichkeit präzise umreißt und ins Gesamt der psychoanalytischen Begrifflichkeit einfügt. Der bisher klarste Versuch, der allerdings nur halbherzig ausgeführt und nur wenig aufgegriffen wurde ist der Begriff der autistisch-berührenden Berührenden Position von Thomas Ogden (1995), den er in eine parallele Bedeutung zu der paranoid-schizoiden und der depressiven Position im Sinne Melanie Kleins setzt.

Welche Situation haben wir also vor uns, wenn wir uns bemühen, das gewohnte Besteck des psychoanalytischen Denkens, also das Denken in imaginären Objekten der Fantasie beiseite zu lassen und den Blick auf die Ebene der Sinnlichkeit zu richten?

Was ist die Stimme, um mit dem Beispiel des Auditiven zu beginnen, wenn wir sie nicht vom sprachlich vermittelten Inhalt her sehen und sie auch nicht als ein Objekt begreifen, das bestimmte Intentionen hat. Was ist die Stimme als pures Ereignis der sinnlichen Perzeption? Ist es nur eine gedächtnisleere Tür oder finden wir hier eine Struktur? Die Musik lehrt uns, dass wir die Struktur des sinnlichen Ereignisses nicht jenseits der Erscheinung zu suchen haben, sondern in der inneren Gliederung der sinnlichen Oberfläche. In der Musik erleben wir Bedeutung, weil sich bestimmte Motive erkennen lassen, sich wiederholen, variiert werden, sich steigern etc.

Wir lernen von der Musik, nicht auf ein zeitlich stabiles Objekt mit definierten Eigenschaften oder Intentionen zu achten, sondern auf die zeitliche Kontur von Wiederholungsprozessen innerhalb des sinnlichen Ereignisses. Musik ist ein *Verwandlungsobjekt* (Bollas 1987). Diese Verwandlungsprozesse lassen sich auch als Ritualisierung beschreiben.

Musik ritualisiert Zeit. Der Zeitablauf wir durch die Wiederholung berechenbar. Die Wiederholung erlaubt eine Orientierung in der Zeitachse, die Beziehung zum kinetischen Objekt wird durch die Ritualisierung entängstigt. In dieser Beschreibung ist also bereits das rezipierende Subjekt mit einbezogen. Es geht nicht um die Wiederholung als solche, vielmehr wir können den Sinn der Wiederholung erst erkennen, wenn wir die beruhigende Wirkung der Wiederholung auf das rezipierende Subjekt berücksichtigen.

Aber was ist mit dem Satz gemeint, das Subjekt rezipiere die Stimme? Ist das eine Frage der Sinnesorgane? Rezipiert das Subjekt die Stimme mit dem Ohr? Ja und Nein. Ohne Ohr geht es nicht. Aber das Ohr – Außenohr Trommelfell, Hammer Amboss, Innenohr mit Haarsinneszellen etc. – ist natürlich nur der Eingang in das Erleben. Wir erleben nicht, was sich im Ohr abspielt. Wir erleben die Musik erst dort, wo sie das *Körperselbst* erreicht, d.h. in dem Augenblick, in dem wir ihre Wirkung im Spannungserleben des Körpers wahrnehmen können. Damasio würde sagen, wir erleben die Musik, wenn wir ihr einen somatischen Marker verleihen, wenn sie also im Körperselbst *Zeitspuren* hinterlässt (Damasio 1994).

Und genau bei diesen Zeitspuren möchte ich ansetzten. Musik hinterlässt im Spannungserleben des Körpers eine Form. Aber man kann sich das natürlich nicht so vorstellen wie ein Förmchen, das in den Sand gedrückt wird und einer amorphen Masse eine Form gibt. Es gibt ein körperliches Spannungsgedächtnis. Wir sind ziemlich gut darin, Spannungsfolgen zu erinnern, Motive und Melodien vorwegzunehmen, wenn sie sich wiederholen. Man kann auf der Seite des rezipierenden Subjekts eine *Aktivität* feststellen. Eine hinwendende Vorwegnahme des zu hörenden. Der aktive Hörer baut eine Hörerwartung auf, die dann erfüllt oder gefoppt wird.

Nun sind beide Seiten des rezeptiven Vorgangs beschrieben: das gegliederte sinnliche Ereignis auf der einen und das vorwegnehmende Erleben auf der anderen Seite. Und diese beiden Zeitfolgen können sich koordinieren oder diskoordinieren. Sie können zu einer perfekten Koordination und Verschmelzung gelangen. Bei einer solchen perfekten Koordination der beiden Zeitreihen entsteht die in der Musik einschlägig geliebte Intensität des Erlebens. Im Fall einer Diskoordination entsteht das Erleben von Chaos und Überflutung.

Die Objektbeziehung in der kinetischen Semantik

Bisher wurde die stimm-körperliche Beziehung als Wahrnehmungsakt beschrieben. Wie aber verändert sich die Beziehung zum Objekt, wenn sie sich innerhalb dieser Wahrnehmungswelt ausgestaltet? Thomas Ogden stellt die autistisch-berührende Position neben die beiden anderen Positionen, also der paranoid-schizoiden und der depressiven Position (Klein 1962, Ogden 1995). Leider hat sich Ogden nur relativ unklar ausgedrückt wenn er sagt, die Beziehung strukturiere sich auf sensorischen Oberflächen.

Um dieses Verhältnis richtig zu durchdenken, muss klar herausgearbeitet werden, dass die auf der Abstimmung sinnlicher Prozesse beruhende Beziehung stets auf der Koordination von zwei Wahrnehmungsreihen besteht, nämlich einmal der

Außenwahrnehmung und dann der Innenwahrnehmung also der Propriozeption, dem Erleben von körperlicher Spannung. Im Grunde ist dieser Gedanke sehr einfach, fand aber bisher in der psychoanalytischen Theoriebildung keine Beachtung. Die Rolle der Propriozeption, also der Wahrnehmung innerer Spannung wird, soweit ich sehe, von keinem einzigen psychoanalytischen Autor ins Feld geführt und in ihrer Bedeutung analysiert. Bei Ogden, bei Stern, bei Tustin, bei Bollas etc. konzentriert sich die Diskussion auf das nach außen gerichtete Wahrnehmungsfeld und nicht auf die Binnenwahrnehmung. Außerhalb des analytischen Feldes taucht dieser Aspekt gelegentlich auf. Die Rolle der Binnenwahrnehmung wird bei Damasio (1994) unter dem etwas merkwürdigen Begriff des somatischen Markers diskutiert und sie taucht bei Schopenhauer (1818) unter dem Motto der Bedeutung gebenden leiblichen Affektion der Vorstellung auf.

Die systematische Unterscheidung von Binnen- und Außenwahrnehmung ist vor allem deshalb von großer Bedeutung, weil wir in diesen beiden Wahrnehmungsreihen das Pendant von *Subjekt* und *Objekt* haben. Wir müssen uns klar machen, dass wir in dieser Phase der psychischen Organisation noch nicht die mentale Organisation eines irgendwie kohärenten Ichs vorfinden, das sich, wie z.B. in der paranoid-schizoiden Phase, durch Projektion und Spaltung vor inneren Erfahrungen schützen kann oder das in der Objektwahrnehmung durch Spaltung ein ideales Objekt konstruieren und von einem bösen, verfolgenden Objekt abtrennen könnte. Den gesamten Abwehrapparat der paranoid-schizoiden Position finden wir in der Welt der kinetischen Semantik nicht wieder. Dies ist von Belang weil es die Rolle der Angst bei der Regression auf die kinetische Semantik erklärt: Wenn man wirklich eintaucht in die Logik der kinetische Semantik muss man eben die ganze Rüstung späterer Abwehrformationen an der Garderobe abgeben und sich quasi psychisch nackt ins Getümmel der Sinne stürzen.

Das beträchtliche Ausmaß an Idealisierung und Ritualisierung das wir in der Kunst und in der Religion auffinden dient der Sicherung vor Angst: Um sich auf die Welt des archaischen Erlebens einlassen zu können, benötigt das Subjekt Schutzvorkehrung: vor allem die Ritualisierung. Man kann sie jedoch nicht als Abwehr bezeichnen, ich beschreibe sie eher als Bedingung der Möglichkeit, sich überhaupt in die fließende Welt der Musik einzulassen.

An dieser Stelle komme ich noch einmal darauf zurück, dass ich meinen Ansatz als *linguistisch strukturell* und nicht als ganzheitlich bezeichnet habe: mir scheint hier ein *entweder – oder* zu herrschen und keine wechselseitige Durchdringung.

Entweder das psychische Geschehen wird von einem Ich, einem überzeitlich stabilen Ich reguliert, das sich durch Spaltung und Projektion davor schützt, das Objekt zu nah an sich heran zu lassen oder das Geschehen wird durch zwei fließende Wahrnehmungsreihen bestimmt. Zwei Wahrnehmungsreihen, die wir nicht als Ich oder als Objekt im Sinne der herkömmlichen Termini bezeichnen können, sondern als zwei stets fusionell aufeinander bezogene psychische Tatbestände. Wir können keine Stimme denken, die wir nicht hören. Eine Stimme, die wir nicht hören ist psychologisch gesehen keine Stimme. Und hören heißt die Stimme mit dem Körpergefühl aufnehmen. Mit anderen Worten: sobald wir in dieser Logik sind, gibt es keine Grenze zwischen Objekt und Subjekt, Subjekt und Objekt verschmelzen im Wahrnehmungsakt.

Die privilegierte Erfahrung – zur Psychologie des Ritus

In dem vorgelegten Text geht es um das Verständnis der Rolle der kinetischen Semantik in der psychotherapeutischen Veränderungsarbeit. Die psychotherapeutische Erfahrung habe ich, zusammen mit der ästhetischen und der religiösen Erfahrung, als *privilegierte* Erfahrung bezeichnet. Zuletzt wurde die Logik der kinetischen Semantik beschrieben. Im Kern geht es darum, dass das psychische Geschehen sich ganz auf den Wahrnehmungsakt zentriert und dabei eine Fusion mit dem Objekt einhergeht, das jetzt nur noch Empfindungsobjekt (Tustin 1981) ist. Fusion und Entgrenzung sind sichere Zeichen des Eintritts in diese Welt.

Nun lässt sich fragen, warum Natur- oder Landschaftserfahrung, sportliche Extremleistung oder Sexualität nicht in diesem Sinne verstanden werden. All diese Bereiche sind ja auch Formen der Erfahrung, in denen Entgrenzung, Verschmelzung und der Fokus auf sinnliche Wahrnehmung eine Rolle spielt. Warum werden sie nicht in die shortlist von privilegierten Erfahrungen aufgenommen, die ja mit Religion, Kunst und Psychotherapie reichlich kurz ist?

Auch an anderer Stelle kann sich berechtig Widerspruch melden: Bei der Aufzählung der Polaritäten wurden ja parallel gesetzt:

- sprachlich vs. körperorientiert,
- realitätszugewandt vs. ästhetisch und
- profan vs. heilig.

Damit wurde die Sprache dem Feld des Profanen zugeschlagen und hier kann man natürlich einwenden, dass die Sprache auch ein ästhetisches Phänomen sein kann und genau hier liegt der entscheidende gedankliche Schritt. Genau dies ist die Frage:

Unzweifelhaft ist die Sprache ein wesentliches Medium des profanen, realitätsorientierten Bezugs zur Welt und zu den menschlichen Objekten. Unzweifelhaft kann sich Sprache in der Poesie aber auch in ein ästhetisches Phänomen verwandeln. Die Frage ist nun, was zur Sprache hinzukommen muss, damit sie zu einem ästhetischen Phänomen wird. Es muss etwas dazukommen, was kann dieses Hinzukommende sein?

Das Hinzukommende – der Vorschlag wird nicht überraschen – ist die kinetische Semantik: *Sprache wird zur Poesie, wenn sie den Gesetzen der kinetischen Semantik unterworfen wird*, d.h. wenn wir in ihr Prozesse der Wiederholung, der Rhythmisierung, der Ritualisierung antreffen. Sprache wird zur Poesie, wenn die Klangfarbe des Wortes, das Spiel mit Lauten und Rhythmen die Sprache formt, kurz: wenn die Sprache nicht zur distanzierenden Definition von Welt oder Beziehung verwendet wird, sondern *wenn Sprache selbst zum Wahrnehmungsobjekt* wird. Poesie entsteht, wenn wir mit der Sprache im Sinne der kinetischen Semantik verschmelzen, die reflexive Distanz aufgeben und uns von ihr berühren lassen.

Dadurch verliert das sprachliche Symbol jedoch nicht seine semantische Struktur. Das Wort ist auch in der Poesie Träger einer sprachlichen Botschaft. Was sich ändert ist unser *Verhältnis* zu dieser Botschaft. Wir lassen uns von ihr berühren. Und aus dieser charakteristischen Verschränkung entsteht das, was ich eine *privilegierte Erfahrung* nenne. Das Privileg der ästhetischen oder therapeutischen Erfahrung besteht in seiner Doppelstruktur, d.h. präzise darin, an beiden Welten, also der kinetischen und der lexikalischen Semantik teilzuhaben. Das unterscheidet die ästhetische Erfahrung z.B. von der sportlichen Erfahrung.

Ästhetik und Religion

Ich habe von Prozessen der Ritualisierung gesprochen, ein Begriff, dessen Komplexität gegenwärtig von einer neu entstehenden Wissenschaft, der *Ritualforschung*, ausgeschöpft wird (Bellinger und Krieger 2003). Ich glaube nun, dass ein Ritual letztlich die Struktur hat, die ich gerade beschrieben habe: über einen Prozess der Wiederholung und Steigerung, der Rhythmisierung und Einbeziehung aller Register der Versinnlichung von Erfahrung wird eine Entgrenzung bewirkt die ein klares Ziel verfolgt, nämlich *die Veränderung des Subjekts durch eine Verschmelzung mit den zentralen Symbolen einer Kultur*.

Das Ziel etwa eines Initiationsritus ist es, das Subjekt zu verändern. Aus dem Jugendlichen wird durch Einschreibung von Symbolen ins Körperselbst ein Erwachsener. Entscheidend bei diesem Prozess ist nicht die sprachliche Mitteilung – so, jetzt bist Du groß –, sondern die Versinnlichung dieses Schrittes, der sich tief in die psychische Struktur einschreiben soll.

Der Begriff der kinetischen Semantik wurde innerhalb des ästhetischen Feldes der Musik entwickelt und man wird ohne weiteres zugestehen, dass im Feld des Ästhetischen eine solche Logik herrscht. Die Sinnlichkeit ist ja die Basis der Kunst, aber die Religion, ist das nicht etwas ganz anderes? Ich glaube, dass das nicht der Fall ist, sondern behaupte, dass die Religion zutiefst mit dem Phänomen des Ästhetischen zu tun hat auch wenn sie dies maskiert. Im Grunde steckt die kinetische Fusion mit dem archaischen Objekt ja auch schon im Namen selbst: die Re-ligio meint ein wieder-anbinden an das göttliche Objekt.

In meinem Verständnis ist die Verwendung ästhetischer Prozesse in der Kirche, z.B. im liturgischen Ritus, wo ja auch nach Kräften gesungen und Show gemacht wird, nicht als ein Äußerliches anzusehen, also als eine Fahrkarte zum transzendentalen Objekt, das dann etwas ganz anderes wäre als das ästhetische Phänomen selbst. Ich glaube, dass die Religion fundamental auf einer In-Besitz-Nahme des Ästhetischen durch die Moral basiert. Es wird eine ästhetische Fusion hergestellt und dann von der Moral des Religiösen vereinnahmt. Ich komme also zu der *Kurzformel für Religion, sie sei das Ästhetische abzüglich der Freiheit des Geistes durch die Infamie der Moral.*

Den Bereich der Religion wird hier aus guten Gründen in unsere Betrachtung mit einbezogen. Mit der Reflexion archaischer Bereiche der psychotherapeutischen Arbeit stoßen wir in Zonen vor, welche traditionell die Religion als ihren Claim abgesteckt hat. Wenn wir diese Zone nun für den Bereich der Psychotherapie durchdenken ist es wichtig, sie von falschem Ballast zu befreien. Zu diesem Ballast gehört die Konstruktion eines idealisierten göttlichen Superobjekts, zu diesem Ballast gehört aber auch die Fehlinterpretation des entgrenzten archaischen Erlebens als einer über die Welt hinaus weisenden Transzendenz.

In meiner Analyse hat das archaische Erleben schon mit Transzendenz zu tun, aber mit einer vollkommen innerweltlichen Transzendenz, nämlich mit einem Eintauchen des begrenzten historisch gewachsenen Ichs in eine verändernde Bezogenheit zu einem symbolischen Objekt. Und diese Beschreibung lässt sich auf alle privilegierten Erfahrungen anwenden, auch die psychotherapeutische.

Die kinetische Semantik in der Technik der Psychotherapie

Wenden wir uns nun der psychotherapeutischen Erfahrung zu. Es bedarf wohl keiner Diskussion, dass auch in der therapeutischen Regression die kinetisch-sinnliche Fusion eine Rolle spielt. Seit Ferenczis Begriff des Zärtlichkeitsstadiums (1931) und der Balintschen Theorie der Grundstörung (1970) werden Formen der therapeutischen Beziehung beschrieben, die jenseits von Sprache und Deutung funktionieren und entscheidend für die Heilung sind. Die Regression auf die Grundstörung, sagt Balint, ist die Voraussetzung für den Neubeginn. In diesem Sinne müssen wir unsere Arbeit in dieser Beziehung verwurzeln, wenn wir uns nicht als zwei getrennte Objekte gegenüberstehen wollen, die über etwas Drittes reden, sondern wenn wir tatsächlich eine nahe therapeutische Verbundenheit eingehen wollen, die eine Veränderung ermöglicht.

Warum ist das so? Das einfachste Argument ist natürlich, dass unsere Patienten in aller Regel Störungen in diesem Bereich aufweisen. Die klassischen Formen der ödipalen Störung sind, in der heutigen Zeit eher selten geworden. Essstörung, Selbstverletzung, frühe Traumatisierungen, archaische Mutterkonflikte etc. nehmend demgegenüber zu. Und wir müssen in der therapeutischen Beziehung in diese Logik zurück, sonst machen wir nur Anpassung und keine Therapie.

Aber auch bei neurotischen Verstrickungen, also die Störungsanteile unserer

Patienten, die aus späterer Zeit stammen, können wir nur verändernd wirken, wenn wir eine tragende nahe Beziehung eingehen die es erlaubt, solche Verstrickungen aufzuschnüren und neue Erfahrungen von Verbundenheit und Entwicklungsoffenheit zu machen.

In welcher Weise kann nun die Rolle der kinetische Semantik innerhalb der therapeutischen Veränderungsarbeit beschrieben werden und inwiefern kommt hier etwas ins Spiel, das mit der ästhetischen oder religiösen Erfahrung vergleichbar ist?

Zunächst stellt die kinetische Semantik in Ergänzung zur lexikalischen Semantik, also zur Deutung, neue Gesichtspunkte bereit: es geht nicht mehr allein darum, ein korrektes Bild der Übertragungsbedeutungen zu entwickeln, sondern auch darum, in die Aktualität der klinischen Begegnung einzusteigen. Dabei sind körperliche Resonanzen eher leitend als zutreffende biografische Reflexionen. Überhaupt empfiehlt es sich, zwischen zwei analytischen Haltungen zu unterscheiden: einmal haben wir die Analyse der Übertragung, d.h. die Dekonstruktion der Beziehungsformen, mit denen sich der Analysand vor der aktuellen Begegnung schützt. Daneben sucht der Analysand aber auch selbst, sich außerhalb der Übertragung zu stellen und direkter in Kontakt mit dem Analytiker zu treten. Wird dieses Risiko der Begegnung außerhalb der Übertragung vom Patienten eingegangen, so halte ich es für gut, ins Spiel der Improvisation innerhalb der therapeutischen Begegnung einzusteigen.

Pointiert gesagt gibt es also nicht *eine* analytische Haltung, sondern *zwei*. Einmal die *Analyse von Übertragung*, also die Arbeit in der lexikalischen Semantik. Daneben gibt es aber auch den Aspekt der Aktualität, der immer mit der kinetischen Semantik zu tun hat. In der Analyse, sollten wir nicht nur die Übertragung, also die vergangenheitsbezogenen Aspekte des Geschehens im Blick haben, sondern auch bereit sein, in eine *improvisierte Kommunikation* einzusteigen. Dieser Wechsel der Aufmerksamkeitsfokus stellt die gewohnten Schutzräume der analytischen Reflexion in Frage und verlangt vom Therapeuten die Bereitschaft, in der Aktualität der sich entwickelnden Szene verantwortlich mitzuinszenieren.

Was aber hat das mit der ästhetischen oder religiösen Erfahrung zu tun? In den beiden Formen der Erfahrung geht das Ich auf eine intime, verändernde Erfahrung zu. Das Ich lässt sich im Schutz der Ritualisierungen auf eine Entgrenzung und eine Verschmelzungserfahrung mit einem transzendenten Objekt ein. Es löst sich von bisherigen Identifizierungen und erlaubt ein Umschmelzen der eigenen Identität in der Intimität der religiösen oder ästhetischen Erfahrung.

Die Psychotherapie finden wir formale Ähnlichkeiten und inhaltliche Unterschiede. Auch die Psychotherapie und besonders stark die Psychoanalyse, besteht auf Ritualisierungen. Der Rhythmus der analytischen Stunden ritualisiert die Zeit, das analytische Setting der Hinter-Couch-Situation fokussiert die stimm-körperliche Beziehung, indem es das Wahrnehmungsfeld auf die Stimme konzentriert und dem Erleben der eigenen körperlich propriozeptiven Resonanz durch die bequeme

Körperhaltung der beteiligten Personen einen möglichst großen Raum bereitstellt. Die Regel der freien Assoziation verpflichtet den Analysanden, ganz aus dem Erleben der Aktualität heraus zu sprechen. Diese Prozesse der Ritualisierung sind wichtige Momente für das Erreichen der therapeutischen Intimität.

Untersuchen wir nun die Frage, ob die Psychotherapie, ähnlich wie die religiöse und die ästhetische Erfahrung, auf Verschmelzungserlebnissen mit einem transzendenten Objekt beruht. Was verstehe ich im Einzelnen unter diesen Begriffen? Was ist ein transzendentes Objekt? Transzendenz meint im normalen Sprachgebrauch die Veränderung einer alltäglichen Ordnung durch Kontakt mit einer jenseitigen Ordnung, z.B. der großen heiligen Kunst oder der religiösen Offenbarung. Mit dem Begriff der kinetischen Semantik und den hier anzutreffenden Prozessen der Entgrenzung und Verschmelzung glaube ich die Grundlage des Erlebens von Transzendenz beschreiben zu können ohne auf Idealisierung oder die Annahme einer jenseitigen Welt rekurrieren zu müssen.

Das durchgängige Moment dieser privilegierten Begegnungen ist das Betreten eines *transzendenten*, d.h. *kinetisch-lexikalischen* Raumes und die Verschmelzung mit dem Objekt. Das Objekt der drei Erfahrungsräume unterscheidet sich freilich deutlich. Während die Religion *moralisch* ist, d.h. dem Subjekt, das den transzendenten Raum betritt, mit einer Vorschrift, mit Geboten und Anweisungen begegnet, ist der Raum der Kunst und der Psychotherapie *ethisch*. Das Subjekt begegnet hier keiner Vorschrift, sondern einer offenen und verantwortlichen Suche nach Sinn. Die Offenheit der Suche unterscheidet Moral von Ethik. Moral schreibt vor, Ethik sucht.

Die Kunst widmet sich dort, wo sie sich von der religiösen Vorschrift losreißt, der Erforschung und Formulierung des menschlichen Begehrens und sucht dem Subjekt ein Bild seines Wünschens und Fürchtens zu vermitteln. Am Beispiel der Oper habe ich dies untersucht (Leikert 2007b).

Die Psychotherapie geht nun einen Schritt weiter als die Kunst. Das Objekt der Transzendenz verschwindet fast in seiner Bedeutung, da es in der Funktion der Suche nach der Wahrheit des Subjekts fast ganz aufgeht. Im Bereich es Religiösen finden wir eine emphatische und in der Theodizee mühsam verteidigte Idealisierung des transzendentalen Objekts. Im Geniekult des Künstlers, der teilweise den erlebten Gottesverlust kompensieren soll, findet sich noch eine Spur dieser Überhöhung. Der Psychotherapeut erscheint demgegenüber in normalem menschlichem Format, er ist, was er sein soll: *ein Dienstleister in Sachen Transzendenz*. Ein guter Psychotherapeut vermag eine verändernde Erfahrung zu vermitteln, die alle Kriterien einer ästhetischen oder religiösen Erfahrung hat. Da er aber weder Macht- noch Ruhm-Interessen verfolgt und sich ganz in den Dienst des Subjekts stellt, verschwindet er fast gänzlich hinter dieser Funktion.

Vergleicht man die ästhetische und psychotherapeutische Erfahrung, so lässt ich als Hauptunterschied die Konzentration auf das die absolute Individualität des Analysanden gegenüber der Werkorientierung der Kunst erkennen. Trotzdem sind es die gleichen Mechanismen, die hier am Werk sind. Der zentrale Wirkmechanismus beruht, wie oben ausgeführt, darin, zu symbolischen Prozessen in ein kinetisch-sinnliches Verhältnis zu gelangen, sodass der Deutung – vergleichbar dem ästhetischen oder rituellen Erfahrung – eine verändernde Macht zuwächst. Aber dieser Wirkmechanismus wird in der Therapie vollkommen in den Dienst eines einmaligen Menschen in seiner besonderen Situation gestellt.

Die Überhöhung des Werkes in der Kunst beruht auf seiner Fähigkeit des Künstlers, etwas Allgemeines zu formulieren, das in einem bestimmten Zeitpunkt, bei herausragenden Werken sogar durch Epochen, eine Wahrheit für viele Subjekte formuliert. Die Psychotherapie geht vollständig auf das Individuum zu.

Aber was ist nun mit dem Heiligen? Die Psychotherapie arbeitet in zentraler Weise mit dem Bereich, den die Religion als »heilig« bezeichnet, aber wir besitzen wir nicht die Infamie, also die Ehrlosigkeit, das uns entgegengebrachte Vertrauen als unsere Eigenschaft zu verbuchen, sondern nutzen das Vertrauen und die Verschmelzungsbereitschaft zur Heilung des Subjekts. Heilung heißt in der Tat, das etwas heil – nicht heilig, aber heil – wird, eine Trennung wird aufgehoben, eine Abkapselung aufgelöst. Die Heilung in der Psychotherapie heißt aber nicht, dass etwas heil im Sinne von *ganz* wird. Auch hier halte ich Distanz zum Gedanken der Ganzheit und betone den Mangel und die Offenheit der Suche nach Sinn. Heilung in der Therapie heißt, dass wieder Kontakt, Verbundenheit und eine gemeinsame Suche nach Sinn und Sinnlichkeit möglich werden. Das Begehren wird von seinen Fesseln befreit.

Fazit für die Praxis

Wenn man sich fragt, wie die Psychotherapie zu Veränderungen kommt, kann man dies tun, indem man sie mit anderen verändernden Erfahrungen, z.B. in Religion oder Kunst vergleicht. Mit dem Begriff der kinetischen Semantik, also der Wahrnehmungssprache, kann gezeigt, werden, dass alle drei Bereiche mit ähnlichen Mitteln arbeiten, diese Mittel in der Religion jedoch moralische Imperative transportieren sollen, während die Kunst eine ethisch offenen Suche nach Sinn ins Werk setzt. Aber erst die Psychotherapie stellt diese ethische und offene Suche nach Sinn ganz in den Dienst des Einzelnen.

Literatur

Balint, M. (1970): Therapeutische Aspekte der Regression – Die Theorie der Grundstörung. Klett Cotta (Stuttgart).

Bellinger, A.; Krieger, D. J. (2003): Ritualtheorien – Ein einführendes Handbuch. Westdeutscher Verlag (Wiesbaden).

Bollas, C. (1987): Der Schatten des Objekts. Das ungedachte Bekannte: Zur Psychoanalyse der frühen Entwicklung. Klett-Cotta (Stuttgart) 2005.

Damasio, A. (1994): Descartes' Irrtum – Fühlen, Denken und das menschliche Gehirn. List (Berlin) 2006.

Geißler, P. (2009): Analytische Körperpsychotherapie – Eine Bestandsaufnahme. Psychosozial Verlag (Gießen).

Ferenczi, S. (1931): Kinderanalysen mit Erwachsenen. Schriften zur Psychoanalyse II. S. Fischer (Frankfurt a.M.) 1972, S. 274–289.

Freud, S. (1900): Die Traumdeutung. G.W. Bd. II/III.

Janus, L. (2005): Pränatales Erleben und Musik. In: Oberhoff, B. (Hrsg.) Die seelischen Wurzeln der Musik – Psychoanalytische Erkundungen. Psychosozial Verlag (Gießen).

Klein, M. (1962): Das Seelenleben des Kleinkindes. Klett-Cotta (Gießen).

Leikert, S. (2005): Die vergessene Kunst – Der Orpheusmythos und die Psychoanalyse der Musik. Psychosozial Verlag (Gießen).

Leikert, S. (2007a): Die Stimme, Transformation und Insistenz des archaischen Objekts – die kinetische Semantik. Psyche – Z Psychoanal 61: 463–492.

Leikert, S. (2007b): Die Subjektivierung des Urkonflikts in der Passion und der bürgerlichen Oper – Die kinetische Semantik und ihre Inszenierung. In: Oberhoff, B., Leikert, S. (Hg.) Die Psyche im Spiegel der Musik. Psychosozial Verlag (Gießen), S. 153–166.

Leikert, S. (2008): Den Spiegel durchqueren – Die kinetische Semantik in Musik und Psychoanalyse. Psychosozial Verlag (Gießen).

Leikert, S. (2009): Das Objekt Stimme in der Musik und in der Psychose – Schrebers *Nervensprache* und die kinetische Semantik. Texte (Im Druck).

Maiello, S. (1999) Das Klangobjekt. Über den pränatalen Ursprung auditiver Gedächtnisspuren. Psyche, 53: 137–157.

Ogden T. H. (1995): Frühe Formen des Erlebens. Springer-Verlag (Wien).

Schopenhauer, A. (1818): Die Welt als Wille und Vorstellung. Suhrkamp (Frankfurt a.M.), 1995.

Stern, D. N. (1985): Die Lebenserfahrung des Säuglings. Klett-Cotta (Stuttgart) 2003.

Stern, D. N. (2005): Der Gegenwartsmoment – Veränderungsprozesse in Psychoanalyse, Psychotherapie und Alltag. Brandes und Apsel (Frankfurt a.M.).

Tomatis, A. (1995): Das Ohr und das Leben. Erforschung der seelischen Klangwelt. Walter (Düsseldorf).

Trevarthen, C. (2002): Origins of musical identity: evidence from infancy for musical awareness. In: MacDonald, R.; Hargreaves, D.; Miell, D. (Hg.) Musical Identities. Oxford University Press. (Oxford/New York) 21–40.

Tustin, F. (1981): Autistische Zustände bei Kindern. Klett-Cotta (Stuttgart) 1989.

Sebastian Leikert, Dr. in Psychanalyse, Dipl.-Psych., Psychoanalytiker, Psychologischer Psychotherapeut. Niedergelassen in freier Praxis in Karlsruhe. Dozent am Institut für Psychoanalyse und Psychotherapie Heidelberg Mannheim e. V.; Vorsitzender der Deutschen Gesellschaft für Psychoanalyse und Musik e. V.
Adresse: Sophienstr. 164, D-76135 Karlsruhe
E-Mail: s.leikert@web.de

Die körperpsychotherapeutische Perspektive in der Personzentrierten Traumatherapie auf dem Hintergrund des Stern'schen Modells der Selbstentwicklung[1] (Teil 2)

Ernst Kern

Zusammenfassung: Der Aufsatz stellt den Personzentrierten Ansatz in der Traumatherapie vor. Die im Zentrum dieses Ansatzes liegende Orientierung an der Beziehung und am Prozess der Patienten bietet dabei einen idealen Ausgangspunkt für die Behandlung von Traumafolgestörungen an.

Ausgehend von Daniels Sterns Entwicklungspsychologie der Säuglingsforschung werden die Phasen des Selbsterlebens aus einer körperorientierten Perspektive interpretiert und als Grundlage für körperpsychotherapeutische Interventionen in der Traumatherapie herangezogen, die im Praxisteil des Artikels ausführlich vorgestellt werden. Die praktischen Interventionen nehmen Bezug auf den körperorientierten Aufbau von Basis-Sicherheit, die Anspannungsregulierung, traumaspezifische Vitalitätsaffekte, die Invarianten des Kern-Selbst als zentrale Identitätskomponenten sowie den zunehmenden Prozess der Wechselseitigkeit.

Schlüsselwörter: Traumatherapie; Personzentrierte Therapie; Entwicklungspsychologie der Säuglingsforschung; Invarianten des Kern-Selbst; körperpsychotherapeutische Interventionen

Abstract: The essay introduces the approach of client-centred psychotherapy to trauma tharapy. It's pivotal orientation on the relationship and the process of the patient provides an ideal base for the treatment of trauma effect disorders. Originating in Daniel Stern's early childhood research the stages of self experience are interpreted from a body focussed perspective and are deployed as a basis for body-focussed psychotherapeutic interventions for trauma treatment, which is comprehensively outlined in the practical part of the article. The ap-

---

1 Dieser Aufsatz ist eine überarbeitete Fassung eines Beitrags in einem Sammelband zur Personzentrierten Traumatherapie (Kern 2007). Für die freundliche Genehmigung des GwG-Verlags vielen Dank, ebenso für die freundliche und überaus sorgfältige Hilfe bei der Überarbeitung durch Dr. Otto Hofer-Moser, durch die wichtige Aspekte präzisiert werden konnten bzw. neu hinzu gekommen sind.

plicable interventions refer to the body-oriented establishment of basic security, the self-regulation of tension, trauma-specific affects of vitality, the invariables of the core-self as pivotal components of identity and the incremental process of reciprocity.

Key words: trauma therapy; client centred psychotherapy; developmental psychology of early childhood; invariables of the core-self; body-focussed psychotherapeutic interventions

Resumen: Este trabajo presenta el enfoque centrado en la persona en la terapia del trauma. La orientación hacia la relación y el proceso del paciente que se encuentra en el centro de esta aproximación ofrece un punto ideal de partida para el tratamiento de los trastornos que siguen al trauma. Partiendo de la psicología del desarrollo de Daniel Stern en la investigación de infantes, se interpretan las fases de la experiencia del self desde una perspectiva psicoterapéutica corporal y se utilizan como fundamento para las intervenciones psicoterapéuticas corporales en la terapia del trauma. Estas intervenciones son presentadas con detalle en la parte práctica del artículo. Las intervenciones prácticas refieren a la construcción centrada en el cuerpo de una seguridad basal, a la regulación de la tensión, a los afectos de vitalidad específicos del trauma, a las invariantes del self nuclear como componentes centrales de la identidad, así como al progresivo proceso de la mutualidad.

Palabras clave: terapia de trauma; terapia centrada en la persona; psicología del desarrollo en la investigación de infantes; invariantes del self nuclear; intervenciones psicoterapéuticas corporales

II) 3. Zum Ätiologieverständnis der PTBS aus Personzentrierter Perspektive:

Im Folgenden wird jetzt aus der Perspektive des Entwicklungsmodells von Stern die Entstehung insbesondere komplexer Traumafolgestörungen betrachtet. Dabei werden Verletzungen der traumatisierten Personen als *Brüche in ihrer Selbstentwicklung* angesehen. Die Vorstellung eines »Bruches in der Selbstentwicklung« (vgl. Kuntz 2000) finde ich hilfreich, da man von einer distanziert pathologiezentrierten Perspektive wegkommt und näher an der erlebten Not der Patienten bleibt.

In Sterns Modell ist auch impliziert, dass nachfolgende Entwicklungen solche Brüche zu kompensieren versuchen. In späteren Krisen kann es dann dazu kommen, dass solche früheren Brüche in der Organisation des Selbsterlebens und der Identitätsbildung wieder in den Vordergrund geraten. Damit haben wir dann oft in der Therapie zu tun.

Gravierende Verletzungen liegen hier also schon in der Sphäre des *auftauchenden Selbst* in der Regulation von Spannung und Erregung vor, die bei PTBS oft dauerhaft verändert ist. Nach Extremerfahrungen kann es zu einem Hyperarousal und dauerhafter Wachsamkeit auch auf psychophysiologischer Ebene kommen. Andererseits kann sich als Gegenregulation, bzw. als Persistenz des primären Schockzustandes eine Art psychischer Taubheit oder emotionaler Abstumpfung herausbilden.

Die *Affekte* werden beherrscht von Ohnmacht, Verlassenheit, Bedrohung, Überflutungsangst, als Folge bilden sich chronifizierte Vermeidungsmuster heraus. Auf der atmosphärischen Ebene der *Vitalitätsaffekte* zeigt sich das z.B. im Empfinden, überflutet zu werden, ständig abrupten Wechseln ausgesetzt zu sein, keine Sicherheit oder Zuverlässigkeit mehr finden zu können.

Die *transmodale Verarbeitung* und die Integration der einzelnen Sinneserfahrungen ist erschwert durch die oft bestehende generelle Vermeidung der Innenwahrnehmung, weiterhin durch die fragmentierte Abspeicherung der Traumaerfahrungen und durch die nicht selten entstehende tendenzielle Zersplitterung in einzelne Anteile des Selbsterlebens.

Ein weiteres Zentrum der PTBS entsteht auf der nächsten Ebene, der Entwicklung des *Kern-Selbst*: Alle vier *Selbst-Invarianten* werden durch schwere und wiederholte traumatische Erlebnisse in ihrer Bildung und Konsolidierung massiv beeinträchtigt.

Traumatisierte Personen sind starker Ohnmacht und Hilflosigkeit ausgeliefert gewesen. Das Erleben einer positiven *Selbst-Urheberschaft*, also auf die Welt aktiv und erfolgreich einwirken zu können, hatte oft keine Chance mehr, sich zu entwickeln.

Die *Selbst-Kohärenz*, die Vorstellung eine zeitlich und räumlich zusammenhängende Person zu sein, ist schon angesichts der häufigen Dissoziation stark bedroht, was oft zu starkem Leidensdruck führt.

Das Empfinden einer zeitlich-biografischen *Kontinuität des Selbst* ist aufgrund der ausgegrenzten und der Erinnerung versperrten traumatischen Erlebnisse oft ebenso brüchig wie die *Selbst-Affektivität*. Selbst Urheber und Zentrum der eigenen Gefühle zu sein kann kaum empfunden werden, wenn der Zugang zu den eigenen primären und adaptiven Gefühlen als Folge des Traumas unterbrochen ist.

Körperorientierte Psychotherapie mit traumatisierten Personen muss Angebote machen, bei denen die Klientinnen diese frühen Brüche im eigenen Selbsterleben und in der Körper- und Gefühlswahrnehmung auf *ertragbare* Weise erleben und so evtl. erste Schritte zu einer Nach-Entwicklung machen können. Dadurch werden in der folgenden Phase des *subjektiven Selbst* empathische Einfühlung und affektive Abstimmung als korrigierende Beziehungserfahrungen möglich.

Aus den späteren Entwicklungsphasen können Ressourcen der Patientinnen genutzt werden, die ja trotz nicht selten jahrelang bestehender extrem negativer

Bedingungen überlebt haben. Bei diesen Patientinnen findet man oft eine erhöhte zwischenmenschliche Sensitivität im Sinne der Tätereinfühlung bei mangelhafter Wahrnehmung eigener Bedürfnisse und manchmal ausgeprägte verbale und intellektuelle Fähigkeiten mit einem immer wieder verblüffenden schwarzen Humor. Der Schwerpunkt der therapeutischen Arbeit mit PTBS wird auch unter Zuhilfenahme dieser Ressourcen lange Zeit auf den frühen Entwicklungsaufgaben und Identitätsthemen liegen, um zu lernen, diese sprachlichen Fähigkeiten auch auf die traumatisch abgespaltenen oder defizitär gebliebenen Bereiche des Körperempfindens und bestimmter Gefühle anwenden zu können und so den Bereich des *verbalen Selbst* kohärenter werden zu lassen.

Die Brüche in den späteren Entwicklungsphasen setzen sich über fehlendes Selbstwirksamkeitserleben und über Probleme im Kontakt fort. Patientinnen mit frühen traumatischen Erfahrungen trauen sich oft im Leben nichts zu, oder funktionieren nach äußeren Regeln mit einer gnadenlosen Unnachsichtigkeit sich selbst gegenüber. In Beziehungen sind sie oft viel zu offen und unabgegrenzt, was dann Wiederholungen traumatisierender Beziehungen begünstigen kann. Das andere Extrem besteht in einem zunehmendem Rückzug und einer sozialen Isolation.

Im *narrativen Selbst*, das ja die Erfahrungen der Person zu einer Geschichte und Identität integrieren soll, wirken traumatische Erinnerungen, die ja schon bei der Einspeicherung separat und unzusammenhängend aufgenommen werden, wie Fremdkörper. Das kann bis zu strukturellen Dissoziationen führen. Traumatherapie bedeutet auf dieser Ebene, sich unter der Zeugenschaft des Therapeuten diese brüchige Geschichte *immer wieder erzählend* Schritt für Schritt neu anzueignen, sie dadurch aus neurobiologischer Sicht ins biografische Gedächtnis zu integrieren und ihr dadurch die Qualität von »schlimmen erlebten aber vergangenen Ereignissen« zu verleihen.

Rothschild (2002, S. 12) betont, dass *nützliche Theorien die wertvollsten Werkzeuge des Traumatherapeuten* sind. Das hier vorgestellte Entwicklungsmodell habe ich als eine sehr hilfreiche Sichtweise in der Arbeit mit traumatisierten Klientinnen erlebt.

II) 4. Übergeordnete Therapieziele

Als übergeordnete Therapieziele für das Konzept einer körperorientierten Personzentrierten Traumatherapie lassen sich vor dem Hintergrund der bisherigen Überlegungen folgende Bereiche bestimmen:

- *Verbesserung der Selbstorganisation und Selbstregulation* unter Einbezug der dem Körper innewohnenden Fortsetzungsordnung (Gendlin 1998), die in die für die Person passende Richtung weist.
- Aufbau von *Sicherheit und Stabilität* (vgl. Claas 2007), beginnend bei den frühesten Ebenen des Selbsterlebens bis hin zu den differenzierten Kontakt-,

Symbolisierungs- und Integrationsfähigkeiten der späteren Selbstphasen.

- (Wieder-)Aufbau des Bezugs zum eigenen Erlebensprozess. Basis dafür ist die Öffnung des Bezugs zum eigenen Körper.
- Langsame Annäherung an und *Wiederaneignung* der eigenen (primären) *Emotionen.*
- *Nachentwicklung der Brüche im Selbsterleben.*

III) Praxis der Personzentrierten Körperpsychotherapie mit traumatisierten Personen

In eine Personzentrierte Therapie mit traumatisierten Menschen kann eine spezielle körperpsychotherapeutisch orientierte Perspektive organisch integriert werden. Körper*psycho*therapie meint aber *nicht* das überwiegende *direkte* Arbeiten mit dem Körper.

Der Schwerpunkt liegt auch bei meiner Arbeit gerade mit diesen Klientinnen auf der Beziehungsebene und dem geduldigen verbalen Begleiten und Erkunden der Gefühle und gefühlten Bedeutungen. Bei diesem Prozess spielt aber der Körperbezug eine wichtige Rolle, weswegen seine verstärkte Berücksichtigung m.E. nicht nur eine optionale Ergänzung, sondern eine notwendige Forderung ist.

Aus didaktischen Gründen werden in der Folge einige Interventionen ähnlich wie strukturierte Übungen beschrieben. Dabei muss immer mit beachtet werden, dass sie als *Angebote* im Prozess stimmig und begründbar sein müssen. Sie sind an den jeweiligen Klienten und an die eigene Person anzupassen und auf sie sollte auch jederzeit wieder verzichtet werden, wenn die Klientin nichts damit anfangen kann. Weiterhin braucht es für ihre Anwendung unbedingt eine fundierte körperpsychotherapeutische Selbsterfahrung aufseiten des Therapeuten.

Vor diesem Hintergrund bin ich davon überzeugt, dass in einer Personzentrierten Psychotherapie auch eine Reihe von Interventionen anderer Verfahren gut integrierbar sind. Angesichts der hohen Not traumatisierter Klientinnen halte ich es sogar für unbedingt notwendig, viele Wege auf vielen Modalitäten zu kennen, um ihnen individuell helfen zu können.

Im Folgenden stelle ich eine Reihe konkreter Möglichkeiten Personzentrierter körperorientierter Therapie in der Traumabehandlung dar, die sich an der Entwicklungsfolge des Modells von Stern orientieren.[2]

---

2 Selbstverständlich kann das Entwicklungsmodell der Säuglingsforschung nicht einfach auf Erwachsene übertragen werden (vgl. Geißler 2007, S. 312). Die folgenden Überlegungen sind der Versuch, in der Praxis bewährte Interventionen anhand von Aspekten dieses Modells zu ordnen. Die bisherigen Erfahrungen in eigener Anwendung und in der Ausbildung sind ermutigend, dass dies eine nützliche Perspektive in der Traumatherapie sein kann.

III) 1. Körperorientierte Stabilisierung in der ersten Phase: Basis-Regulation von Anspannung, Basis-Sicherheit

III) 1.1. Basis-Regulation von Spannung und Erregung

Rothschild nennt als eine der ersten Aufgaben in der Traumatherapie, den Klientinnen beizubringen, wie sie wieder selbst ihre Anspannung *bremsen* können bzw. wie sie aus »erstarrten« Zuständen wieder *beschleunigen* können. D.h. zunächst ist es äußerst wichtig, Möglichkeiten der Basis-Regulation zu finden und einzuüben.

Nicht oft genug betont werden kann, dass der »sicherste Ort« für traumatisierte Klientinnen immer eine gute und haltende (vgl. Wöller 2006, S. 210ff, Kern 2004) therapeutische Beziehung ist. Dass die Personzentrierte Psychotherapie auf diese Qualitäten im Beziehungsangebot immer schon zentralen Wert legt, bringt sie m.E. in eine ideale Position für die Traumatherapie (vgl. Claas 2007).

Bei allen Übungsangeboten ist speziell mit traumatisierten Personen zu beachten, dass die Patientinnen insgesamt *möglichst viel Kontrolle* über die Situation behalten können. Sie sollten immer die Wahl habe, ob sie die Augen auf oder zu halten wollen (die meisten der komplex Traumatisierten behalten sie offen, was ich immer sehr unterstütze). Weiterhin sollte man als Therapeut eine engere verbale Führung halten, d.h. mehr sprechen und kürzere Sprechpausen machen, als mit anderen Klientinnen.

Vorsicht und auch Ablehnung von Angeboten wird unterstützt. Ein Ablauf kann von der Klientin unterbrochen werden, das Stopp-Sagen kann vorher sozusagen »trocken« geübt werden. Wenn ein Angebot gemacht wird, sollte der Ablauf für die Klientinnen möglichst transparent und vorhersehbar sein, auf »Überraschungseffekte« ist möglichst zu verzichten. Sie sollten selbst Ablauf, Intensität und Dauer mit gestalten können, dafür ist es günstig, langsam und in einzelnen Schritten vorzugehen.

Bei der Körperarbeit ist weniger oft mehr, d.h. nach Körpererfahrungen braucht es immer Zeit zu Reflexion und Integration.

III) 1.1.1 Atmung

In so gut wie allen Körperpsychotherapieverfahren spielt die Atmung eine zentrale Rolle. Sie geht einerseits von selbst und kann andererseits auch willkürlich beeinflusst werden. Sie ist einer der Grund-Rhythmen des Körpers und eignet sich daher ausgezeichnet zur basalen Spannungsregulation.

Eine der einfachsten Übungen besteht darin, für einige Minuten den *Atem* innerlich *mitzuzählen* (Linehan 1996). Es wird gemeinsam mit den Klientinnen geübt, bei jedem Atemzug zu zählen (z.B. Ein-Aus »eins«, Ein-Aus »zwei« usw.). Darauf können sich erstaunlich viele Klientinnen gut einlassen und eine Beruhigung dadurch erzielen. Die konkrete Aufgabe des Zählens beim Atmen hilft, sich nicht zu schnell in Gedanken oder Erinnerungen zu verlieren.

Als nächster Schritt kann das *tiefe Atmen* mit den Klientinnen geübt werden (vgl. Downing 1996, Baranovsky, Gentry & Schultz 2005). Das kann im Sitzen, besser aber noch im Liegen geschehen, damit der Atem frei fließen kann. Die Klientin soll zunächst auf den Rhythmus der Atmung achten, dann allmählich versuchen, die Atmung etwas zu vertiefen. Schließlich wird vollständig aus- und eingeatmet, dann eine kleine Pause nach der Ausatmung gemacht. Die auf diese Weise vertiefte Atmung wird dann in Serien von Atemzügen einige Male geübt.

Als eher aktive Atemübung kann das *meditative Gehen* im Atemrhythmus eingeführt werden. Dabei wird für jeden Atemzug ein Schritt gemacht, sodass eine Art Zeitlupengehen entsteht. Auch das können die Patientinnen in der Regel gut annehmen.

Weitere Möglichkeiten der aktiveren Atemübungen können aus dem Chi Gong oder Tai Chi genommen werden. Eine andere Variante, das sogenannte »*Bäume-Atmen*«, wird seit Langem an der Focusing-Schule Achberg angeleitet. Damit habe ich auch bei ganz früh verletzten Patientinnen sehr gute Erfahrungen gemacht. Grundgedanke dieser Übungen ist eine Koppelung des Atemflusses mit bestimmten fließenden Bewegungen, wenn möglich verbunden mit einer bildhaften Vorstellung. Die Unterstützung einer vertieften Einatmung und verlängerten Ausatmung hat dabei oft eine zusätzlich entspannende Wirkung.

Das Vorstellungsbild kann dann zusammen mit dem körperlichen Tun zum *Ressourcenanker* werden. So berichtete eine Patientin in einer Stunde, dass sie sich am Morgen mal wieder gereizt und lustlos gefühlt hatte. Dann habe sie sich an das Bäumeatmen erinnert, habe das ein paar Minuten durchgeführt und sei daraufhin viel besser in den Tag gekommen.

Aus Personzentrierter Sicht werden solche Atem-Angebote nicht als das Erlernen einer »richtigen« Atmung verstanden. Im Gegenteil, ich betone immer, dass jede Person ihren eigenen Atemrhythmus, mit individueller Form und Länge hat und lege beim Anleiten viel Wert darauf, das Eigene zu finden.

III) 1.1.2 Körperliches Grounding

Sogenannte Grounding-Übungen sind vor allem aus der Bioenergetik bekannt geworden (Lowen 1988). Der Begriff wird aber auch in übertragenem Sinne allgemeiner verwendet, in sich selbst eine Basis oder einen psychischen Boden zu finden. Auf dieser ersten Stufe beschäftigen wir uns zunächst mit basalen körperlichen Möglichkeiten des Auf-den-Boden-Kommens.

Viel Spaß machen den Patientinnen spielerische Übungen[3] mit dem *Gleichgewicht*, z.B. Bewegungsexperimente mit Wiegen, sich möglichst weit aus der

3 Einige der vorgestellten Angebote nutze ich vor allem in Gruppen, manche können aber auch für die Einzeltherapie (sogar in kleineren Räumen) genutzt werden.

Mitte lehnen ohne umzukippen oder ähnliches. Das verbessert von ganz allein den gefühlten Bodenkontakt.

Gut beschrieben sind *bioenergetische Übungsfolgen* (z.B. Koll 1988), die meist über das Stressen (bis hin zum leichten Zittern) bestimmter Muskelgruppen arbeiten. Hier sind aber auch einfache *Stretchingübungen* durch den ganzen Körper oder Kraftübungen sehr hilfreich. Dabei kann die Aufmerksamkeit der Klientinnen jeweils auf das Erleben der Anspannung und Entspannung gerichtet werden.

Rothschild (2002, S. 199) schlägt als konkrete Abfolge zur *Tonisierung der Muskulatur* z.B. folgenden Ablauf vor: Liegestütze an der Wand, aus dem Stand die Beine in verschiedene Richtungen heben, im Stand die Knie zur Seite drücken, die Arme heben und halten, sich mit dem Rücken an die Wand setzen und halten, sich 30mal im Stehen auf die Zehenspitzen hoch drücken etc.. Bei manchen traumatisierten Patientinnen geht es eben nicht primär darum zu lernen, einen erhöhten Muskeltonus herunterzuregulieren (»Du kannst Dich entspannen, die Gefahr ist vorbei«, neurobiologisch: sympathikotones persistierendes aktiviertes Furchtsystem), sondern eher darum zu lernen, aus einer »schlaffen Lähmung« (parasympathikotoner Totstellreflex) heraus zu finden, ausreichend Muskelspannung aufzubauen und so Handlungsfähigkeit und ein Gefühl von Selbstwirksamkeit wieder herzustellen.

III) 1.1.3. Starke Körperempfindungen

Aus der Dialektisch-Behavioralen Therapie (DBT) (Linehan 1996) sind die *Stresstoleranzskills* mithilfe *starker Körperempfindungen* bekannt geworden. Als hilfreich haben sich z.B. erwiesen: geruchsintensive Reize (z.B. Ammoniak), etwas Scharfes (z.B. Chili-Schoten) oder Saures in den Mund nehmen, Cool-Packs auf die Arme oder kalt duschen, Igel-Bälle, Treppen steigen, Barfuss gehen usf.

Patientinnen sind dabei sehr erfinderisch, wenn sie die Grundidee einmal verstanden und akzeptiert haben. Eine Patientin rieb sich im Winter einmal mit Schnee das Gesicht ab, um ihre Anspannung herunterzufahren, andere berichteten über erfolgreichen Einsatz von Fishermans-Friend (»extra strong«), Steppern usf. Wichtig ist mit den Patientinnen zusammen dabei auf die Grenzen zur Selbstschädigung zu achten.

III) 1.1.4 Achtsamkeit und Ablenkung

Das Einsetzen von Achtsamkeit, Ablenkungs- und Aufmerksamkeitssteuerungsstrategien (Bohus & Brokuslaus 2006, Heidenreich und Michallack 2004) eignet sich ebenfalls sehr gut zur Regulierung von starker Erregung. Einige solcher Möglichkeiten können die Klientinnen auch gut und »unauffällig« in ihrem Alltag einsetzen.

Schon das gezielte Richten der *Achtsamkeit auf Außenreize* kann helfen, eine starke innere Unruhe zu dämpfen.

So erzählte eine Patientin einmal, dass sie nach einem Streit mit ihrem Partner in massiv angespanntem Zustand mit ihm noch nach Hause fahren musste. Sie setzte sich dann die Aufgabe (als Beifahrerin) sehr aufmerksam die Umgebung zu betrachten und innerlich zu beschreiben, was sie sah. Das half ihr, die Erregung in Grenzen zu halten. Wenn man das mit Patientinnen einübt, lassen sich *alle Sinneskanäle* einbinden (sehen, hören, riechen, fühlen, schmecken).

In Anlehnung an Schubbe (2004) kann man das in eine kleine Aufgabe bringen *(1–2–3...-Methode)*, die mehrere Sinneskanäle anspricht: Die Klientin soll zuerst einen Gegenstand in ihrer Umgebung anschauen und beschreiben, dann ein Geräusch auswählen und beschreiben und schließlich etwas, was sie fühlen kann. Dann soll sie dasselbe mit je zwei Gegenständen, Geräuschen, taktilen Oberflächen tun usw. Aufmerksamkeitslenkung ist erstaunlich wirksam zur Spannungsregulation.

Für eher kognitiv ausgerichtete Patientinnen schlägt die DBT sogenannte *Hirn-Flic-Flacs* vor, das sind kleine Denksportaufgaben, die die ganze Aufmerksamkeit brauchen (Linehan 1996). Viele Patientinnen mögen das sehr, das können einfache Zählaufgaben (von 100 in 7er-Schritten rückwärts zählen) sein, Wortspiele, bis hin zu recht komplizierten Aufgaben (so hat eine Patientengruppe mal begeistert die Primzahlen in erstaunliche Höhen gezählt).

Als körpernähere Aufmerksamkeitsstrategien sind *Koordinationsübungen* sehr wirkungsvoll (Bohus und Brokuslaus 2006). Das fängt mit einfachen Hüpffolgen an, kleine »schuhplattlerähnliche« Aufgaben mit den Armen und Beinen, bis hin zum Werfen von Bällen an eine Wand, Fangspielen, Luftballons in der Luft halten, Jo Jos oder Bälle jonglieren. Die Hand-Auge-Koordination und das motorische Ansprechen beider Körperhälften (z.B. abwechselnd fangen mit rechts und links) als wichtige körperliche Wirkfaktoren können dabei immer wieder angeregt werden.

Noch ein Wort zur Personzentrierten Haltung bei solchen Angeboten. Im Einzel lassen sich die vorgestellten Möglichkeiten fallweise, je nach Prozess, einfühlen, in der Gruppe erfolgt das systematischer. In beiden Fällen ist es sinnvoll, das eine oder andere Mal ein *übungszentriertes* Setting einzunehmen. Vieles lässt sich als ein Ausprobieren oder spielerisches Experimentieren durchführen. Die Patienten sollten auch zur Wiederholung und Übung der Möglichkeiten aufgefordert werden, die sie als hilfreich bei der Spannungsregulation erlebt haben[4].

Da die primäre Erregungsregulation ein sehr körpernaher Prozess ist, halte ich es aus Personzentrierter Sicht für wichtig, die Klientinnen auch dort abholen zu können und ihnen zu helfen, konkrete Möglichkeiten der Selbstberuhigung zu finden. Sich auf eine Position zurück zu ziehen, solche Patientinnen seien noch nicht therapiefähig, da sie rein über das Gespräch ihre Anspannung nicht regu-

4 Die Neurobiologie zeigt uns, dass als neue neuronale Bahnungen verstandene Veränderungen durch Wiederholungen unterstützt werden müssen.

liert bekommen, finde ich sehr unbefriedigend und wird insbesondere solchen Patientengruppen mit frühen Verletzungen in keinster Weise gerecht.

III) 1.2. Körperorientierte Arbeit mit den traumaspezifischen Vitalitätsaffekten: Aufbau von Basis-Sicherheit

Stern beschreibt im Zentrum der ersten Entwicklungsphase neben den primären psychophysischen Spannungsregulationen das Entstehen von *Vitalitätsaffekten* als *erste Muster*, die sich aus dem Kontakt mit der Welt im Erleben der Person bilden.

Als ein Beispiel eines solchen Vitalitätsaffektes benennt er eine kleine Episode, wie der Vater auf ein Kind mit Schwung zukommt, es hochnimmt und liebevoll ein wenig durch die Luft sausen lässt. Eine Vielzahl solcher Begegnungen führen im Kind zu »*Vitalitätskonturen*« hinsichtlich der Person des Vaters. Solche Vitalitätsaffekte sind atmosphärisch und vor allem durch zeitliche Prozess- und Veränderungsaspekte beschreibbar (anschwellen, explodieren, ausklingen ...). Von den eher atmosphärischen Vitalitätsaffekten unterscheidet Stern die eindeutig unterscheidbaren kategorialen Affekte.

Unter Zugrundelegung dieses Konzeptes kann man als traumaspezifische *kategoriale Affekte* Angst und Panik, Hilflosigkeit und Ohnmacht, Verlassenheit, archaische Scham, Wut, Hass bis hin zu Ekel sehen.

Auf der Ebene des Erlebens von *Vitalitätsaffekten* geht es bei Traumata dann um: Massiv überflutet zu werden, überrannt zu werden, abrupte Wechsel, plötzlicher Abbruch einer Kontinuität, Verlust von Vorhersehbarkeit, plötzliche Leere, bedrohlich verfolgt zu werden, keine Sicherheit finden zu können, jede Bewegungsmöglichkeit und jeden Zugang verloren zu haben, Gleichzeitigkeit von hoher Anspannung und Dämpfung, bleibende Alarmierungsmuster ohne wirkliche Auflösung und Entspannung.[5]

Körperorientierte Angebote für diese Thematik, wie sie im Folgenden beschrieben werden, nutzen natürlich die schon erarbeiteten Möglichkeiten der Spannungsregulation. Ganz allgemein geht es hier darum, das atmosphärische, basale Erleben von Sicherheit weiter aufzubauen und zu unterstützen. In komplexerer Form rücken die Vitalitätsaffekte insbesondere in der dritten Phase noch einmal in den Vordergrund.

Dabei kann der Mechanismus der *transmodalen Verarbeitung* zu Hilfe

5 Meine Vorschläge sind aus Gründen der Verständlichkeit sprachlich etwas näher an kategorialen Affekten, als Stern sie formuliert. Er bemüht meist Vergleiche aus der Musik um dieses Konzept zu verdeutlichen (z.B. Stern 2005, S. 78ff.). Aus dieser Perspektive müsste man vielleicht z.B. das Bedrohungserleben noch stärker prozesshaft beschreiben. Man versuche sich z.B. eine bedrohliche, überflutende oder ohnmächtige Musik vorzustellen, oder ein Lied, bei dessen hören man nie vorherahnen kann, was als nächstes kommt.

genommen werden, den Stern als einen wichtigen Entwicklungsmotor ab der ersten Phase beschreibt. Konkret heißt das, immer wieder von einer Modalität in eine andere überzuführen, z.B. aus dem Körpererleben heraus nach Bildern zu fragen.[6]

III) 1.2.1. Aufbau von Basis-Sicherheit unter Einbezug des Raumes

Wichtig gerade zu Beginn in der Arbeit mit traumatisierten Klientinnen ist die Frage der Wahl des Platzes, an dem sie sitzen und wie sich dort einrichten und sichern können.

In einem größeren Raum kann man das unter Einbezug der Bewegungsebene *verkörpern* lassen, indem man die Klientin einen *Ort* suchen lässt, an dem sie sich *am besten aufgehoben* und so sicher wie möglich fühlt (vgl. auch Trautmann-Voigt und Voigt 2007a). Hilfreich ist bei dieser Aufgabe, zwischendurch auch das Gegenteil zu suchen, nämlich den am wenigsten sicheren Platz. Wenn die Klientin dann im Kontrast dazu den guten Platz gefunden hat, kann sie noch angeregt werden, sich dort mit Gegenständen wie Kissen oder einer Decke gut einzurichten und sich genau so hinzusetzen (hinzulegen oder hinzustellen), dass Blickrichtung und Körperhaltung die größtmögliche Sicherheit geben.

Eine Patientin setzte sich bei diesem Angebot z.B. ganz aufrecht in eine Ecke, den ganzen Raum im Blick, überwachsam und mit einer sicheren Wand im Rücken. Eine andere wählte eine Wand neben der Tür, fluchtbereit, hüllte sich ganz in die schützende Decke (Sie habe noch nie eine Heimat gehabt, kenne das Gefühl gar nicht). Viele Patientinnen trauen sich kaum, sich Raum zu nehmen, analog zum fehlenden Gefühl der Existenzberechtigung.

Für Basis-Sicherheit sehr wichtig ist die körperliche Vorstellung eines *persönlichen Raumes*, der um die Person herum besteht und imaginativ z.B. in Form einer durchsichtigen Glocke oder Membran symbolisiert werden kann. Über ein Experimentieren mit verschiedenen Entfernungen (z.B. eine Handbreit um den Körper herum, Ellenbogenweite, Distanz der ausgestreckten Arme) kann für das Empfinden dieses persönlichen Raumes sensibilisiert werden (Klein 1993).

Viele Patientinnen mit Traumaerfahrungen brauchen die ausdrückliche Unterstützung und Erlaubnis, dass sie ein Recht auf diesen Raum haben und selbst bestimmen dürfen, wer ihnen näher kommen darf und wer nicht, und dass sie sich dazu beispielsweise auch eine schützende, sichernde Abgrenzung imaginieren dürfen und können.

III) 1.2.2. Aufbau von Basis-Sicherheit unter Einbezug von Bewegung und Rhythmus

Rhythmen sind natürliche Ordnungsprinzipien des Selbsterlebens (Stern 1992,

6 »Transmodale« Angebote sind insgesamt ein sehr effektives Arbeitsmittel einer ganzheitlich-körperorientierten Therapie.

Trautmann-Voigt und Voigt 2007b). Die ersten und körpernächsten Rhythmen sind die Atmung und der Herzschlag, sie können mit Bewegungen gekoppelt und so sichtbar und fühlbar gemacht werden. Ein Basis-Rhythmus, den ich oft zu Beginn einer Stunde einsetze, ist das Gehen.

Man kann mit Achtsamkeit auf das Aufsetzen der Füße beginnen und dann alle Variationen von Tempo und Rhythmus ausprobieren.

Auch außerhalb der Therapiestunden ist spazieren gehen, walken oder joggen sehr wirksam zur Beruhigung und Stabilisierung der Patientinnen. Darüber hinaus vermittelt diese Tätigkeit oft die ganz basale Erfahrung: *Jetzt* kann ich mich wieder bewegen, *damals* konnte ich es nicht (vgl. Kapitel 2.2.1.).

III)1.2.3. Aufbau von Basis-Sicherheit über Imaginationen und Malen

Die in der Traumatherapie wohl bekanntesten Strategien sind Imaginationen (gut dokumentiert z.B. bei Reddemann 2001, 2004 und bei Huber 2005, weswegen sie hier jeweils nur kurz genannt werden sollen). Sie sind für viele Patienten hilfreich und sollten zur Handwerkskiste jedes Therapeuten gehören.

An erster Stelle zum Aufbau eines inneren Sicherheitserlebens ist die Imagination des *sicheren Ortes* zu nennen (Reddemann 2001, S. 40), weiterhin der *innere Tresor* und die *Bildschirmmetapher* (als oft hilfreiche Distanzierungsmetaphern) (ebd., S. 46 und S. 107).

Aus Personzentriert körperpsychotherapeutischer Sicht sind zum Umgang mit Imaginationen einige Anmerkungen zu machen.

Die imaginative Ebene ist nur eine von mehreren Ebenen. Eine ganze Zahl von Klientinnen kann meiner Erfahrung nach damit nicht sehr viel anfangen, da sie nicht so visuell orientiert sind. Das ist als Therapeut wichtig zu bemerken um dann auf andere Ebenen zu gehen die z.B. im eher körperorientierten, bewegungsorientierten oder auch akustischen (innere Sätze, Stimmen, Melodien) Bereich liegen können. Personzentriert arbeiten heißt hier, keine Ebene der Modalitäten zu privilegieren sondern die Patienten ganzheitlich anzusprechen und erreichen zu können.

Ich versuche Imaginationen immer mittels Focusing am inneren Erleben der Klientinnen anzubinden, und dabei die größtmögliche Offenheit in den Formulierungen zu finden. D.h. auch, weniger konkrete Bilder oder Metaphern *vorzugeben*, sondern diese mit der Klientin zu entwickeln.

Aus der Sicht des Konzeptes der Transmodalität ist auch bei Imaginationen oft die Verbindung mit dem Körpererleben, den Geräuschen oder Gerüchen zu einem inneren Bild das am meisten vertiefende und entwicklungsfördernde Moment.

Den *sicheren inneren Ort* erarbeite ich mit den Klientinnen zunächst im Gespräch, lasse sie eine Vorstellung mit möglichst viel Details entwickeln und frage nach allen Sinnesmodalitäten an diesem Ort. Wenn die Szene genügend ausgearbeitet ist (die ich in Stichworten mitschreibe), dann spreche ich die Vorstellung noch einmal wie eine kleine Entspannungsimagination und achte dabei auf die Reaktion der Patientin, ob es wirklich so für sie passt. Gegebenenfalls kann man das auch auf eine Kassette sprechen, die die Patientin mitnehmen kann (vgl. Vogelgesang 1999).

Reddemann (2001, S. 131ff.) beschreibt auch Möglichkeiten, mithilfe des *Malens* mit bedrohlichen Gefühlzuständen umgehen zu können. So schlägt sie vor, einen Kreis zu malen und dort hinein z.B. eine Angst malerisch auszudrücken, oder zunächst *einen sicheren Rahmen* zu malen, in dem dann belastende Inhalte ausgedrückt und besser ausgehalten werden können (ebd., S. 141).

Baranovsky et al. (2005) schlagen eine kognitiv-imaginative Technik vor. Wenn die traumatischen Erinnerungen innerlich anrennen, dann kann die Klientin dazu ermutigt werden, ein oder mehrere *Symbole* für die Szene zu malen und diese *in einen Umschlag zu stecken*, der dann verschlossen und beim Therapeuten deponiert wird.

Eine Klientin von mir malte z.B. zu einem Flash-Back sofort eine Treppe (die Treppe zum Speicher, auf dem der Missbrauch geschah) und war sichtbar erleichtert und entlastet, als der Umschlag verschlossen war und in meiner Schreibtischschublade lag.

III) 1.2.4. Aufbau von Basis-Sicherheit über die kognitiv-symbolische Ebene

Levine (1998) schlägt vor, dass man den Patientinnen hilft, Symbole für Sicherheitsbereiche zu finden. Das kann z.B. ein Gegenstand sein wie ein Foto, ein Stein, ein Spielzeug. Besonders geeignet sind Stofftiere, die auch in ihrer Qualität als Übergangsobjekte gute Tröstungsqualitäten haben. Natur als potenziell haltende Umwelt ist auch ein guter Kandidat: Bäume, Blumen, ein bestimmter Ort.

Die Symbole sollten wiederum möglichst aus dem inneren Erleben heraus gefunden und nicht von Außen vorgegeben werden.

III) 2. Körperorientierte Stabilisierung in der zweiten Phase: Körper(Selbst-) wahrnehmung, Invarianten des Kern-Selbst

Stern beschreibt im Zentrum der zweiten Phase die Bildung der Selbst-Invarianten. Voraussetzung für deren Konsolidierung ist eine zunehmende Wahrnehmung der eigenen Innenwelt.

Basis dafür sind die Körperempfindungen, aus denen sich Gefühlsempfindungen aufbauen (vgl. Damasio 2002). Die Zuwendung zum Körper kann helfen, diesen wieder mehr als Quelle der Sicherheit zu erleben und kann auch dazu führen, dass physische Grundbedürfnisse (wie Hunger, Müdigkeit) wieder besser wahrgenommen werden (vgl. Eberhard-Kaechele 2006, S. 486).

III) 2.1. Körper- und Gefühlswahrnehmung

In aller Regel sind Körperwahrnehmungsübungen für traumatisierte Personen oft aversiv und rasch bedrohlich. Daher müssen Angebote in diese Richtung mit all der oben genannten Vorsicht und den Kontrollmöglichkeiten für die Klientinnen durchgeführt werden. Man sollte aber auf keinen Fall darauf verzichten, da eine Verbesserung der Körperwahrnehmung für viele nachfolgende Schritte eine Voraussetzung darstellt.

Die am wenigsten bedrohliche Form der Körperwahrnehmung beginnt mit scheinbar beiläufigen *Focusing-Fragen* bei bestimmten Themen, z.B. wie sich etwas gerade anfühlt, wo die Klientin das vielleicht stärker spüren kann, wie es ihr mit etwas geht (Gendlin 1981). Wenn es gelingt, sie dabei innerlich etwas zu verlangsamen, besteht die Chance, dass sie einen ersten Kontakt mit ihrem Felt Sense bekommt.

Ein möglicher Einstieg ist z.B. eine kleine Übung, die im Sitzen durchgeführt werden kann, nacheinander *verschiedene Sitzpositionen* einzunehmen, und die Unterschiede wahrzunehmen (Rothschild 2002, S. 151).

Für eine direktere Körperarbeit kann man eine *Körperreise* anleiten, z.B. mit der Aufmerksamkeit vom Kopf bis zu den Zehen durch den Körper zu wandern und dabei achtsam und nicht-bewertend wahrzunehmen, was es jeweils für Empfindungen gibt. Günstig ist es, auf einfache Körpersensationen wie Wärme und Kälte, Spannung, Kribbeln etc. hinzuweisen, denn anfangs sind manche Klientinnen erstmal etwas ratlos mit dieser Aufgabe. Grundsätzlich stellt schon jede Form von *nicht-bewertender Achtsamkeit* auf das Körpererleben eine Form der Selbstwertschätzung dar.

Gezieltere Möglichkeiten der positiven Körperwahrnehmung liegen z.B. darin, aus der Erinnerung eines guten Erlebnisses (das z.B. mit dem Erleben von Sicherheit, Freude oder Kompetenz verbunden war) einen »Anker« für einen positiven Körperzustand zu machen (vgl. Baranovsky et al. 2005). Reddemann gibt eine Übung zu »Glücksgefühlen« an (Reddemann 2001, S. 49) oder eine zum Mitgefühl mit sich selbst (ebd., S. 51).

Grundsätzlich empfiehlt es sich, die gerade in frühen Phasen häufigen Widerstände mancher traumatisierter Klientinnen gegen Vorschläge zu einem positiven Selbstbezug unbedingt zu achten. Einige können sich über lange Zeit nicht mal versuchsweise auf eine positive Bezugnahme einlassen, hier sollte zunächst mehr von der allgemeinen Achtsamkeit her gearbeitet werden.

Körperpsychotherapie hat nicht das Ziel, immer direkt eine Entspannung oder ein Wohlgefühl zu erreichen. Oft geht es darum, auch etwas Schmerzhaftes oder Problematisches überhaupt wahrnehmen und evtl. später auch etwas besser annehmen zu können.

In jedem Fall können auch in der Situation der Einzeltherapie immer wieder Focusing-Fragen in Richtung auf das innere Erleben und die Körperempfindungen zu einem Thema gestellt werden.

III) 2.2. Körperorientierte Arbeit mit den zentralen Komponenten des Kern-Selbst

Stern (1992) geht davon aus, dass es für die Entwicklung des Selbstempfindens so etwas wie »Inseln der Konsistenz« bedarf. Als solche Inseln beschreibt er die Selbst-Invarianten, aus denen sich das Kern-Selbst bildet. Sie sind nicht als kognitive Strukturen zu verstehen, sondern sie liegen auf der Ebene des Selbsterlebens:

> »Die Betonung liegt auf der greifbaren Erfahrungswirklichkeit von Substanz, Handlung, Sinneseindruck, Affekt und Zeit. Das Selbstempfinden ist kein kognitives Konstrukt; es ist die Integration des Erlebens. Dieses Empfinden eines Kern-Selbst ist die Grundlage für alle differenzierten Selbstempfindungen, die sich später entwickeln werden« (Stern 1992, S. 106).

Daher stellt die Nach-Entwicklung und Konsolidierung dieser Selbst-Invarianten meiner Erfahrung nach eine zentrale Aufgabe einer körperorientierten Traumatherapie dar.

III) 2.2.1. Erleben von Selbst-Urheberschaft

Viele chronisch traumatisierte Personen haben kein stabiles Gefühl dafür, selbst Urheber eigener Handlungen zu sein und effektiv und vorhersagbar auf die Welt Einfluss nehmen zu können. Die ja oft schon frühen und wiederholten Erfahrungen des ohnmächtigen Ausgeliefertseins sabotieren die Festigung des Empfindens einer Selbst-Ursächlichkeit.

Das letzte Zitat von Stern weist auf die *Bedeutung realer und sinnlich wahrnehmbarer Erfahrungen* (Handlungen, Sinneseindrücke, zeitliches und affektives Erleben) für die körperpsychotherapeutische Arbeit mit den Selbst-Invarianten hin. Zunächst kann ganz konkret mit den Patientinnen mit der *Initiation und Beendigung von Bewegungen* experimentiert werden. Ungerichtete und gerichtete Bewegungen, zielgerichtetes Gehen und zielloses Herumschlendern, aktive Einflussnahme (z.B. beim Ziehen an einem Seil) im Kontrast zu passivem Reagieren werden spielerisch ausprobiert. Als Vorübung dazu kann auf die Wahrnehmung von Bewegungs- und Handlungsimpulsen aufmerksam gemacht werden, die schon spürbar sind, noch bevor eine konkrete Handlung ausgeführt wird.

Stern sieht als drei wichtige Elemente der Selbstursächlichkeit die *Empfindung eines Wollens*, das *propriozeptive Feedback* während einer Handlung und die *Voraussagbarkeit der Folgen* der eigenen Handlung an. Sie ordnen sich zeitlich, räumlich und sensorisch. Auf diese Aspekte kann man bei Körperwahrnehmung und Bewegungsexperimenten immer wieder hinweisen. Man kann z.B. Bewegungen plötzlich anhalten und wieder fortsetzen lassen und dabei die Wahrnehmung erforschen. (Wie macht die Person das? Geht die Bewegung innerlich weiter, auch wenn sie äußerlich anhält? Wie ist die Gleichgewichtsveränderung z.B. beim Gehen, damit ein kontinuierlicher Gang zustande kommt? Wie macht der

Körper das, welche Wahrnehmungsinformationen z.B. von den Fußsohlen oder vom Gleichgewichtssinn benutzt er?)

Sehr gute Erfahrungen haben wir in der Klinik mit einem sporttherapeutisch geleiteten Krafttraining an Geräten gemacht. Das Empfinden der eigenen Kraft beim Drücken, Heben, Ziehen lässt sich aber auch an Wänden und mit Alltagsgegenständen erproben.

Auf der imaginativen Ebene und vor dem Hintergrund eines Modells innerer Anteile wird das Erleben von Selbsturheberschaft auch durch die Vorstellung innerer Helfer oder starker, beschützender Figuren unterstützt (vgl. z.B. Reddemann 2001, S. 41).

Die reale Erfahrung physischer Kontrolle bildet aber, entwicklungspsychologisch gesehen, in jedem Fall die Basis solcher innerer Vorstellungen. Ganz konkrete Erfahrungen wie das kräftige Werfen eines Tennisballes gegen eine Wand (das Spüren von Kraft in den Armmuskeln beim Werfen, das Hören des lauten Aufpralls als Folge der eigenen Handlung) können das Empfinden von Selbstwirksamkeit deutlich verbessern.

III) 2.2.2. Erleben von Selbst-Kohärenz

Selbst-Kohärenz bezeichnet das Empfinden, ein vollständiges körperliches Ganzes zu sein, das ein abgegrenztes Handlungszentrum darstellt (Stern 1992, S. 106ff.). Die Selbstkohärenz setzt sich nach Stern zusammen aus dem Erleben einer Einheit des Ortes, einer Kohärenz der Bewegung, der zeitlichen Struktur, der Intensitätsstruktur sowie einer Kohärenz der Form.

Hierfür bietet sich die Arbeit mit *Körperbildern* an.

Gezielt für die Arbeit mit dem Körperbezug kann man z.B. im Anschluss an eine Wahrnehmungsübung oder Körperreise ein Körperbild malen lassen. Für traumatisierte Menschen ist das fast immer eine starke Konfrontation, die gestuft und mit Vorsicht zu handhaben ist. Am einfachsten in der Durchführung ist ein Abbilden der Umrisse der Patientin in Lebensgröße auf einem großen Papier. So wird eine gewisse Kohärenz in der Form schon durch die Übung garantiert. Dieses Umrissbild kann die Patientin dann selbst mit farbigen Stiften ausfüllen. Als Aufgabe kann dabei zunächst gestellt werden, positiv und negativ empfundene Bereiche mit verschiedenen Farben in das Bild einzuzeichnen. Als weiterer Schritt kann dann das *symbolische Be-Zeichnen* verschiedener Bereiche erfolgen.

Individueller, aber auch schwieriger ist die Arbeit mit rein subjektiven Körperbildern ohne die Vorlage an den eigenen realen Umrissen. Hierbei bilden sich dann aber deutlicher Brüche im Konsistenzerleben ab, die dann auch eine diagnostische Aussagekraft haben können. Die Körperbilder von schwer traumatisierten Patientinnen spiegeln oft die dramatischen Folgen des Traumas wider. Joraschky (2005) unterscheidet verschiedene, oft traumaspezifische Körperbildstörungen: Tote (unbelebte) Zonen im Körper (im Malen z.B. ganz ausgespart), Explosionen im Körper (z.B. als Vulkan dargestellt), Körperspaltungen (ganz oft Trennung des Unterleibes vom restlichen Körper, häufig auch Absperrung des Kopfes vom Rumpf), bis zu teilweisem Verlust der Körpergrenzen.

Eine unter ständiger Spannung stehende Patientin malte z.B. in ihr Körperbild in den Bauchbereich viele Blitze ein und beschrieb das als Hochspannungsgebiet. Eine andere gestaltete verschiedene Bereiche völlig unterschiedlich: Beine mit Eiskristallen, im Bauch ein brennendes Feuer, Totenköpfe im Kopf, und kommentierte, dass sie sich genauso fühle: fast immer extrem und nichts gehöre zusammen. In den Körperbildern vieler Patientinnen fehlen Arme oder Beine, genauso oft finden sich fragmentierte und gespaltene Figuren.

Eberhard-Kächele (2007, S. 487f.) weist auf körperbezogene Aspekte des Fehlens von Existenzberechtigungserleben[7] hin: Als negative schützende Muster wären das z.B. extreme Gespanntheit oder Schlaffheit, Vernachlässigung von Grundbedürfnissen, die Tendenz sich Gefahren passiv oder aktiv aussetzen, Missachtung von Körperpflege, Selbstverletzungen, völlige Meidung von oder unangemessener Körperkontakt.

Ein weiterer wichtiger Aspekt, der viel zu Selbst-Inkohärenz beiträgt, ist die Dissoziativität, die sich in mehr oder weniger großem Ausmaß bei allen PTBS-Betroffenen findet. Im *dissoziativen Erleben* geht oft das Selbst-Kohärenz-Erleben ebenso wie die zeitliche Kontinuität verloren (Resch & Brunner 2004).

Antidissoziative Vorgehensweisen versuchen, zum Kohärenz-Erleben zurückzuführen. Die basalsten Strategien nutzen Grundlagen aus der ersten Phase: Basis-Regulation von Anspannung, Atmung (z.B. Atem-Zählen), Grounding, Aufmerksamkeitslenkungs- und Ablenkungsstrategien, Lenken der Blickrichtung nach oben, körperliche Koordinationsaufgaben.

Komplexere und stärker mental ausgerichtete Interventionen kombinieren Achtsamkeit im Hier und Jetzt (jetzt sehe ich ... jetzt höre ich ... jetzt spüre ich ...) mit differenzierenden Selbstinstruktionen (... und ich weiß, dass das Vergangenheit ist) um so die Fusion von Vergangenheit und Gegenwart z.B. bei Flash-backs aufzuheben (»duales Gewahrsein«, vgl. Rothschild 2002).

Grundsätzlich lassen sich wahrscheinlich alle von Stern genannten Elemente der Selbst-Kohärenz zur Unterstützung eines antidissoziativen Erlebens nutzen:

- Einheit des Ortes (z.B. jetzt sicher im Therapieraum zu sein),
- Kohärenz der Bewegung (z.B. einen Ball zu fangen und zu werfen oder aufzustehen und ein paar Schritte zu gehen),
- Kohärenz der zeitlichen Struktur (z.B. die Hand-Auge-Synchronisierung beim Fangen),
- Kohärenz der Intensitätsstruktur (z.B. der Hinweis auf die diesbezügliche

7 Reinert (2007) benennt die häufige grundlegende Erfahrung der Existenzverneinung und des Abgelehntwerdens als atmosphärische Traumatisierung bei vielen Borderline-Patientinnen.

Ähnlichkeit eines Auslösereizes einer Dissoziation mit der ursprünglichen Traumaerfahrung, vgl. Reddemann & Dehner-Rau 2005),

- Kohärenz der Form (z.B. das Hinweisen darauf, dass Hände, Beine und Arme zum ganzen Körper dazugehören. Hierbei ist Grounding hilfreich, barfuss gehen, Dinge in der Hand halten wie Igelbälle o. ä.).

Fortsetzung folgt im nächsten Heft.

Ernst Kern, Dipl.-Psych. Dr. phil., psychologischer Psychotherapeut, Gesprächspsychotherapeut, Klientenzentrierter Körperpsychotherapeut (GFK), Ausbildungen u.a. in Focusing, Tanztherapie und Traumatherapie (EMDR).
Adresse: Psychiatrische Klinik Sonnenberg, D-66119 Saarbrücken, Sonnenbergstraße
E-Mail: e.kern.sb@shg-kliniken.de

Interview mit Niklaus Roth (N), befragt von Dagmar Hoffmann-Axthelm (D)

»Es funktioniert nur, wenn der Patient wahr sein kann und wenn ich wahr sein kann. Das ist der zentrale Punkt in jeder Beziehung.«

N: *Auf dem Weg hierher ist mir eine Frau entgegengekommen. Sie hat telefoniert, und als ich kam, hat sie aufgeschaut. Der Blick ist sehr speziell gewesen. Sie war tief in ihr Gespräch versunken, hatte dabei aber ihre Augen stark auf mich gerichtet – einerseits sich schützend nach dem Motto »Ich bin im Gespräch«, andererseits wie jemand, der Ausschau hält nach einem anderen Menschen, einem Zeugen oder Halt. Das hat bei mir einen starken Eindruck hinterlassen, denn da war eine Offenheit, und dabei ging ich doch als ganz Unbekannter an ihr vorbei. Dann bin ich weitergelaufen, und da stand ein Lieferwagen. An einer Stelle, wo ich es nicht vermutet hätte, haben zwei Füße rausgeschaut und oben ist Rauch herausgekommen. Da fiel mir Fritz Morgenthaler ein, der uns Basler in die Psychoanalyse eingeführt und gezeigt hat, wie man an Hand von Zeichen das, was hinter der Gegenwart verborgen ist, detektivisch entschlüsseln kann. Man kann sich beim Rauch was denken und bei den Füßen, und Du merkst, es ist ein Mann, der da drin sitzt, und vielleicht auch, woher er kommt und was ihn beschäftigt. Das hatte natürlich damit zu tun, dass ich mich auf dem Weg zu Dir befand, beschäftigt mit den Fragen, die auf mich zukommen werden. So hat das für mich zwei verschiedene Ebenen unseres Berufes berührt. In beiden Szenen begegnet man jemand Neuem, den man noch nicht kennt, und bekommt Einblicke. Im zweiten Fall schaust Du von außen und schlüsselst das auf, was Du siehst. Morgenthaler selber hat die Situation des Analytikers mit einem späten Gast verglichen, der nach dem Fest die Szene betritt und sich anhand der herumliegenden Gegenstände das Vergangene nachträglich erschließt. Freud hat sich als Archäologen verstanden, der Geschichte schreibt, indem er Tonfragmente zusammensetzt. Ihnen geht es um Objektivität, um das tatsächliche Geschehen dahinter. Die erste Szene dagegen war völlig anders. Du beobachtest nicht nur, Du wirst auch angeschaut. Man versteht kein Wort, und doch entsteht etwas Bedeutsames – Augen, die telefonieren und Dich gleichzeitig intensiv anschauen. Ein Mensch öffnet sich, während er sich mit einem Menschen auseinandersetzt, einem andern – gleichzeitig abwehrend und offen. Während die eine Geschichte läuft, beginnt eine zweite zu laufen, und von diesem Vorgang sind alle drei Beteiligten betroffen. Hier bleibt alles bewegt und subjektiv. Die Szene mit Morgenthaler war auch sehr bewegt und auch ein Dreieck. Er erzählte, wir lauschten gebannt und betraten an seiner Hand Neuland. Er erklärte, was ist. Manchmal hat er uns auch provoziert. Wir spürten etwas von der Bewegtheit der Männer, die mit Freud über ihre Patienten diskutierten.*

D: Ist es nicht im ersten Fall auch dieses Eindringende, was zu unserem Beruf gehört? Jemand kommt – in den meisten Fällen mit einer Verletztheit –, und er zeigt gleich so viel von sich. Du bist mitten im Leben eines Menschen drin, den Du vorher nie gesehen hast und der eben von der Straße gekommen ist. Für mich enthält das immer auch ein Moment der Beschämtheit. Habe ich Dich richtig verstanden, dass Du sagen willst: Ich bekomme eine Intimität, die mir zunächst nicht zusteht? Und zum anderen Fall fällt mir ein, dass es wie ein Entschlüsseln von Körpersprache ist: Unten die Füße, oben der Rauch, wie gehört das eigentlich zusammen?

N: Ganz genau. – Aber Du hast von Schamgefühlen bei Dir gesprochen. Das ist bei mir etwas anders. Ich erlebe es als eine Intensität, die ich auch suche und als Geschenk empfinde. Ich weiß, dass ich dieses im Moment noch nicht verdient habe, aber ich ahne eine Verantwortung, die innerhalb der therapeutischen Situation tragbar ist, und die suche ich auch. Ich habe zunächst Medizin studiert. Da gibt es viele mechanische Dinge aufzuschlüsseln – der Körper wird gleichsam als Apparat gesehen. Die Fehler, die man da machen kann, fürchte ich. Diese Spannung, dass man eine Spur hinterlässt und dabei einen Menschen schädigen kann, die, so habe ich damals gedacht, halte ich nicht aus.

D: Hast Du schon mit dem Plan, Psychotherapeut zu werden, Medizin studiert?

N: Nein. Aber mein Hauptinteresse beim Medizinstudium war doch, auf diese Art in Kontakt mit Menschen zu kommen. Ich war Einzelkind, eingeschlossen in eine kleine Familie. Ich habe mich als erwünscht und in vielen Belangen auch als verantwortlich erlebt, aber letztlich ging es mehr und mehr darum, mich aus der Familie zu befreien. Gleichzeitig habe ich nach außen hin Verantwortung gesucht – Verantwortung als Brücke zur Welt. Ich fühlte eine Unsicherheit, als was man mich wahrnehmen wird und habe dann Medizin in der Hoffnung studiert, dass ich eine Funktion erfüllen kann und eine Rolle zugeteilt bekomme. Dann habe ich, nicht nur wegen der Angst vor der Verantwortung im herkömmlichen Arztberuf, sondern auch, weil es doch nicht ganz das Richtige war, am Schluss nicht mehr gewusst, was ich tun soll. Ich habe dann Arztvertretungen gemacht und dabei ganz verschiedene Bevölkerungsschichten erlebt, und das habe ich aufgesogen. Inzwischen hatte ich einen halbwegs freien Blick und fragte mich: Was gibt es in der Welt? Ich habe mich dann weiter weg bewegt und an verschiedenen Orten gelebt, in Berlin, in Dänemark, mit wenig Geld und mit Leuten, die einen nicht besonders strukturierten Lebensstil hatten oder in ganz speziellen Verhältnissen lebten. Damals hatte ich die Vorstellung, ich sollte schreiben.

D: *Literarisch?*

N: *Ja, aber das hat nicht funktioniert, alles hing in der Luft, und ich habe wieder gemerkt, dass ich mit Menschen zu tun haben muss. Dann habe ich eine Stelle in der Friedmatt [in der Psychiatrischen Universitätsklinik in Basel] angenommen. Das hat bei mir eingeschlagen. Ich habe sofort zu den Patienten Nähe gespürt. Sie haben von konkreten Dingen geredet, und ich bin da hineingezogen worden und habe gemerkt, dass ich als Vertrauensperson wahrgenommen werde. Zu mir gehört im Guten wie im Schlechten eine gewisse Naivität, und auf diesem Weg entstand eine Brücke indem ich mein Gegenüber unhinterfragt sozusagen 1:1 erlebte. Das wurde mein Eintrittsbillet in der Welt dort. In gewissem Sinn bin ich den Patienten näher gewesen als den Kollegen, auch wenn ich mich von diesen in keiner Weise abgesondert habe. Ich wollte auch zu ihnen gehören, aber die Art, wie sie über ihre Patienten redeten, war mir in gewissen Momenten fremd. So habe ich dann mit meiner ersten analytischen Therapie begonnen und dabei jemanden gefunden, der sich auf meine Eigenheiten eingestellt und mich ernst genommen hat – menschlich und intellektuell. So fand ich die Brücke auch zu den Kollegen – in dem Sinne, dass ich dafür sorgen konnte, besser verstanden zu werden. Auf diese Weise bin ich ein gutes Stück in die psychiatrische und psychoanalytische Welt eingedrungen.*

D: *Also Deine Via Regia zu diesem Kontinent waren die Patienten der Psychiatrischen Klinik?*

N: *Ja. Trotz allen (depressiven) Einschränkungen oder gar (psychotischen) Verzerrungen redeten diese Menschen ganz unmittelbar von sich und ihren Gefühlen, wollten, dass ich sie wahrnehme und auf sie reagiere, und mussten sich mit mir, meinen Ansichten und Entscheidungen herumschlagen. Ganz anders – am Gegenpol – der psychoanalytische »Diskurs«. Ich habe die Psychoanalyse als gespalten erlebt. Einerseits enthält ihre Sprache viel Technisches, und auf der anderen Seite stellt sie die Beziehung in den Mittelpunkt. Ihre Erkenntnisse führen dazu, dass man die Beziehung vertiefen kann, indem man das bearbeitet, was an Verzerrung und Verletztheit heraufkommt, und so das Misstrauen, das ein Mensch von früher her mitbringt, überwindet. Die Möglichkeiten, letztlich gemeinsam mit dem Patienten das Übertragungs- und Gegenübertragungsgeschehen aufzuschlüsseln, das hat mich sehr stark interessiert, weil es nützlich ist. Man bekommt Werkzeuge in die Hand, die helfen, Konfliktsituationen zu nutzen, Blockaden aufzubrechen. So schafft man Boden für neues Vertrauen, und Vertrauen ist die Voraussetzung für gegenseitiges Verstehen. Richtiges Verstehen ist nicht beschämend, es gibt keine Besiegten, in Konflikten profitieren beide, in der therapeutischen Situation der Patient wie auch der Therapeut. Allerdings kommt es in der therapeutischen Arbeit mit Übertragungsphänomenen darauf an, nicht nur das beobachtende und erkennende Ich zu trainieren, die Einsicht in Verzerrung und Verwechslung zu stärken, sondern auch innerhalb der Übertragung (subjektiven Bedürftigkeit, Verletztheit, Bitterkeit oder Wut) eine »gute« (der Situation entsprechende und darum therapeutische) Erfahrung zu vermitteln.*

D: *War das das Wesentliche, was Du aus der Psychoanalyse gelernt hast? Also der Beziehungsaspekt? Man kann ja auf recht technische Art Psychoanalyse betreiben.*

N: *Ja, eben. Der Zwiespalt ist für mich sehr interessant gewesen und hat mich beschäftigt. Durch intellektuelles Aufschlüsseln kann man sich auch aus dem Kontakt herauskatapultieren. Man muss das Erkannte ja sprachlich formulieren. Therapeutisch entscheidend ist, ob eine Sprache den Patienten erreicht. Die psychoanalytische Sprache kann dazu verleiten, sich mehr darin zu üben und darauf zu konzentrieren, über den Patienten zu sprechen als zu ihm. Ich selber erlebe mich da in einer Situation, die neben Nachteilen wohl auch Vorteile mit sich bringt. Mir geschieht es immer wieder, dass ich im Sprachlichen scheitere, mich mit Unbeholfenheit herumschlagen muss. Es braucht dann mehrere Anläufe, und es kommt darauf an, wer mir zuhört. Bei den Patienten habe ich erlebt, dass sie Ungeschicklichkeiten verzeihen, wenn sie merken, dass ich auf sie zugehen will. Es entsteht dann auch Raum, mir beizustehen (oder mich zu korrigieren), und es kommt klarer zur Darstellung, dass es im gemeinsamen Interesse liegt, das vorliegende Problem genau zu verstehen. Mit Kollegen funktioniert das anders, diese Situation erlebe ich als komplexer. Da herrscht naturgemäß mehr Rivalität. Wie gesagt habe ich von meinen beiden Analytikern Hilfe bekommen, mich doch in diese Welt einzubringen.*

D: *Du hast diese Diskrepanz im Kontakt mit den Patienten resp. den Kollegen ja schon am Anfang erwähnt. Du hast gesagt, dass im Falle der Patienten Nähe entsteht, weil Du Dich als Mensch zeigst. Ernstnehmen und Ernstgenommen-Werden, Annehmen und angenommen zu werden, das scheint für Dich das absolut Zentrale zu sein.*

N: *Ja, das ist so.*

D: *Im Gespräch mit den Kollegen hast Du die Tendenz gespürt, nicht mit Menschen, sondern über Menschen zu sprechen. Hat da vielleicht auch das Bestreben bestanden, die reine, abstinente Lehre zu vertreten, es »richtig« zu machen? Man stand ja unter dem Druck der Ausbildungsrichtlinien.*

N: *Mir hat geholfen, dass ich zu diesem Punkt schon in jüngeren Jahren Erfahrungen gesammelt hatte. Es gab da in meiner Herkunftsfamilie – vor allem bei meiner Mutter – ein Element, das mich stark herausgefordert und eine zeitlang bedroht hat. Es bestand in fundamental religiösen Vorstellungen, die mit ganz bestimmten Sprachregelungen verbunden waren. An ihnen konnte man ermessen, ob jemand die richtigen Gedanken pflegte, und feststellen, er gehört zu uns (den Überzeugten) oder er gehört nicht zu uns (und verpasst zumindest das essenzielle Leben). Es war schwer, aber schließlich für mich nicht unmöglich, diese Klammer aufzubrechen. Ich musste mir dazu gedanklich klar werden, dass es meinen Eltern nichts bringt, wenn ich, um sie zu beruhigen, mein innerstes Gefühl, meine innerste Überzeugung verrate. Aber obwohl ich an der Evidenz dieses Gedankens nie wirklich zweifelte, fuhr ich offenbar in meiner Tiefe in ein scheinbar unlösbares Dilemma. Ich geriet mit wenig mehr als zwanzig Jahren in eine schwere Depression, die mich ein halbes Jahr lang beherrschte und während der ich extremen Vernichtungsgefühlen ausgeliefert war. Es gelang mir zwar, fast unauffällig zu bleiben, aber ich war von der wahnhaften Überzeugung überflutet, für mich sei ein menschliches Erleben und Dasein für immer (über dieses begrenzte Leben hinaus) verloren. Fast hätte ich mich darin eingerichtet, obwohl es absolut unerträglich war. Es war ein stummer Vorgang; ich schrieb nur ein Protokoll und sandte es an einen mir fast unbekannten Menschen. Dann hat sich diese Sicht millimeterweise geöffnet. Ich kann es nicht beschreiben. Dieses Erleben prägte Alles, was dann folgte. Ihm entsprang eine immer konsistentere Gewissheit von der Inkonsistenz ideologischer, von Gruppen getragener Gewissheiten. Ich hatte erfahren, wie sich ein Wahn auflösen kann.*

D: *Heißt das, dass Du dadurch gelernt hast, zu Dir ja zu sagen, zu Deinem Sprachgebrauch, zu Deiner Wortwahl?*

N: *Das ist alles noch während meines Medizinstudiums gewesen, sodass ich nachher, als ich auf einer freieren Ebene an die Psychoanalyse gelangt bin, gemerkt habe: Die Inhalte sind wesentlich, auch spannend, aber ich habe auch die Gefahr gesehen, dass man sich über die gemeinsame Fachsprache und geteilten Vorstellungen einschließen und dadurch die Verbindung mit seiner eigenen Wahrheit verlieren kann. Von daher hat es mir nie Angst gemacht, ausgeschlossen zu werden. Das war vorbei. Dass ich dann immer wieder etwa innerhalb der psychoanalytischen Sprachregelungen sektiererische Züge ausmachen musste, ließ mich neu erleben, dass ich ein für allemal der Gefahr entkommen war, mich in Systemen zu verfangen.*

D: *Das finde ich toll. Hat Dir dabei auch die Therapie geholfen?*

N: *Ja, unbedingt. Das ist auch ein Paradox. Meine beiden Therapeuten waren Analytiker, aber sie haben mir geholfen, bei mir zu bleiben, auch in meiner Auseinandersetzung mit der »Psychoanalyse«. So ist mein Weg entstanden, und es ist mein Weg geblieben – da bin ich noch heute. Vielleicht ist es auch falsch (unfair) zu sagen, das sei ein Paradox. Die Psychoanalyse ist ein Kind der Aufklärung und verspricht Befreiung. Meine Analytiker haben mich ermutigt, sie beim Wort zu nehmen. – Und dann gab es Autoren, die mir halfen, das stumm Erlebte weiter zu bearbeiten. Spontan will ich zwei nennen. Besonders klärend wurden für mich Überlegungen zum Thema »Loyalität versus Individuation«, die Ivan Boszormenyi-Nagy bezogen auf Entwicklungsbewegungen innerhalb der Familie anstellte. Diese standen zum Zeitgeist in einem gewissen Widerspruch, indem er ein Gefühl für Fairness und Loyalität als grundsätzlich gegeben, als gewissermaßen angeboren einschätzte. Umso überzeugender war für mich darum sein Einstehen für die jedem Individuum innewohnende, ihm aufgegebene persönliche Wahrheit. Nahtlos fügten sich mir daran die Einsichten von Thea Bauriedl, die eine grundsätzliche Spannung annimmt, die in jeder Beziehung auf jeder Entwicklungsstufe die symbiotische Einheit immer wieder aufbricht. So sehr uns eine elementare Suche nach Übereinstimmung erfüllt, eine letzt Divergenz oder ein Ungenügen verunmöglicht, darin zu verharren. Der Sinn liegt darin: nie werden wir aus unserer alleinigen Empathie heraus einem anderen Menschen ganz gerecht. Immer muss er um das Verständnis auch kämpfen (können). Aber ebenso wenig vermögen wir ohne diesen Anderen uns selbst zu erfassen. Er nimmt an uns Dinge wahr, für die wir blind sind. Die Wahrheit liegt weder allein in dem Bild, das ich von mir habe, noch in dem, das der Andere von mir hat. Darum muss ich lernen, mich durch den anderen Menschen in Frage stellen, konfrontieren zu lassen, aber andererseits auch lernen, die Einsamkeit zu ertragen, die entsteht, wenn er meine Wahrheit nicht sehen, nicht respektieren kann. Das ist immer eine Gratwanderung. – Für unsere Arbeit hat Bauriedl einen Schluss gezogen, der mich seither durch die therapeutische Arbeit begleitet. Auch innerhalb der Analyse, sagt sie, gehe es nicht darum, künstlich Spannung zu erzeugen; die immer schon gegebene Beziehungsspannung liefere für beide Partner genügend Stoff und Energie, um je ihre Entwicklung voranzutreiben.*

D: *Gab es eine Zeit, zu der Du als klassischer Analytiker hinter der Couch gearbeitet hast?*

N: *Ja. Das alles galt schon, als ich noch das klassische Setting, welches mir ja vertraut war, genau einhielt. Es ging mir immer schon darum, dass ich wahr bleibe und nicht irgendwelche normierten Vorstellungen technischer oder psychologischer Art anwende. Die sind mir wichtige Anregung, aber sie stehen nicht im Zentrum. Mir geht es darum, dass der andere wahr sein kann, wenn er mit mir ist. Ich suche Kontakt, indem ich bei mir bin, und es ist natürlich ebenso wichtig, dass der Patient zu sich kommen kann. Es funktioniert nur, wenn er wahr sein kann und wenn ich wahr sein kann. Das ist der zentrale Punkt in jeder Beziehung, ist Voraussetzung. Wenn dieser Punkt gegeben ist, dann passiert etwas, und wenn er nicht gegeben ist, dann ist das, was passiert, nichts wert. Ich versuche ebenso intensiv zu spüren, ob der andere bei sich ist, wie auch zu prüfen, ob ich bei mir bin.*

D: *Würdest Du also keinen entscheidenden qualitativen Unterschied zwischen der Zeit sehen, wo Du hinter der Couch gearbeitet hast und der, wo Du Deine Art von Körpertherapie entwickelt hast?*

N: *Die Intention ist immer die Gleiche geblieben. Alles hat sich organisch ergeben. Der Einbezug gestalttherapeutischer Elemente und die Arbeit mit dem Körper verliefen undramatisch. Ich bin auf gewisse Sachen gestoßen und habe sie entsprechend meinem Interesse gelernt und der konkreten Situation angewandt.*

D: Aber als Du z.B. die Pesso-Ausbildung gemacht hast, hast Du da nicht etwas gesucht?

N: Doch, ja. Wir haben damals als Gruppe mit Marc Nevejan, einem Holländer, gearbeitet. Um ganz vorn anzufangen: Ich hatte das Bedürfnis verspürt, ein Fenster aufzumachen und darum bemerkt, dass man in Zürich auf einem Kongress die Familientherapie vorstellt. Dort geriet ich unter viele begeisterte Leute und bekam sensationelle Dinge zu hören, etwa dass ein Therapeut mit einer einzigen Bemerkung im Kreis der Familie eine Anorexie-Situation aufbrechen konnte. Dort traf ich jemanden, der mich eingeladen hat, in Basel einer Gruppe beizutreten, in der man neue Therapieformen ausprobiert. Marc Nevejan war der Leiter; er machte uns mit der Welt von Al Pesso bekannt. Er vermittelte uns auch Erfahrungen mit anderen Therapieformen, z.B. der Psychosynthese von Roberto Assagioli. So haben wir auch Ivan Boszormenyi-Nagy kennen gelernt, sein Buch über loyale Bindungen innerhalb der Familie durchgearbeitet, und mehrere seiner Workshops besucht. Marc war weltoffen, hat an Vielem geschnuppert, und uns im Binnenland Schweiz daran teilnehmen lassen. – Die Elemente der Pesso-Therapie sind uns damals zunächst exotisch erschienen. Aber das Verständnis wuchs und eines Tages sagte uns Marc, dass Pesso einen Workshop in Holland geben wird. Da sind wir zu viert dort hingefahren – in eine neue Welt, die uns überzeugte. So kam es zum Entschluss, die Ausbildung bei ihm und seiner Frau Diane zu machen. In dieser Ausbildung habe ich unendlich viel gelernt. Wieder traf ich da auf die unverzichtbare Suche nach der persönlichen Wahrheit. Im Kern des ihr eigentümlichen therapeutischen Prozesses geht es zunächst immer um die körperliche und szenische Sichtbarmachung der selbstempfundenen Wahrheit (der »wahren Szene«) und ihrer Not, ja Aussichtslosigkeit. Allein dieser (schmerzhaften) Wahrheit kann eine taugliche Lösung entspringen. Sowohl die Wahrheit wie auch die Lösung werden dabei in Verbindung mit dem eigenen Körper gefunden und verankert. Sehr beeindruckt hat mich dabei, wie sehr der eingeschlagene Lösungsweg dann regelmässig genau dem inneren Muster entspricht, das Balint in seinem zentralen Konzept des Neubeginns zeichnet. Da mich Balint immer sehr angesprochen hat, wurde diese Querverbindung für mich zu einem nachhaltigen Orientierungspunkt. (In jüngster Zeit habe ich gelernt, die Linie weiterzuziehen: vom Neubeginn Balints zu Daniel Sterns Gegenwartsmoment.) – Aber da muss ich ausholen. Wir haben gelernt. Meine Frau hat auf ihrem eigenen Weg eine Psychoanalyse durchlaufen und diese wie ja auch ich als hilfreiche und ganz persönliche Therapieerfahrung erlebt. So ist sie, wenn auch z.T. mit ganz anderen Voraussetzungen, ihrerseits dazu gekommen, psychotherapeutisch zu arbeiten. Indem wir nun die Ausbildung bei Al und Diane Pesso gemeinsam in Angriff genommen haben, hat das in der Folge unser Verständnis für unsere Patienten, unsere psychotherapeutische Arbeit, nicht zuletzt aber für uns selbst, die tiefe Verwandtschaft unserer Mo-

tivation, aber auch die Unterschiedlichkeit unseres Erlebens und Herangehens gefördert und für lange Zeit geprägt. Dass sich die Pesso-Therapie ganz in bewusst gestalteten und reflektierten Szenen bewegt, hat unser Verständnis für die Unterschiede und Gemeinsamkeiten in der Dynamik aller Beziehungsgestalten, familiären wie auch therapeutischen geschärft. So wurde mein Leben immer mehr gekennzeichnet durch das Parallellaufen der Entwicklungen (Konflikten, Lösungen, neuen Konflikten, neuen Lösungsansätzen) in Familie und Beruf. Dass ich mich ein Leben lang so tief mit meinen Patienten habe verbünden wollen, war nur möglich, weil ich durch meine Familie nicht weniger gefesselt, herausgefordert, aber auch getragen wurde. So konnte ich Vieles, was mich beschäftigte oder belastete, mit meiner Frau besprechen.

D: *Fachliche Sachen?*

N: *Ja, ich habe mich sehr gut auf ihre Empathie und Kritik verlassen können. Andererseits haben wir Meinungsverschiedenheiten, die beiden am Herzen lagen, schmerzhaft und nachhaltig ausgetragen. So ist eine wichtige Arbeitsgemeinschaft entstanden und geblieben. – Ich selber hatte da in ganz jungen Jahren eine Wunschfantasie, die ich als mir ganz ursprünglich zugehörig erlebte, woher immer sie gekommen sein mochte: es sei vereinbar, eine intensive, ungebrochene Lebenspartnerschaft zu leben, andererseits dasselbe in unterschiedlichster Ausführung und vielfältigsten Kontexten (Kulturen), unklar ob neben- oder hintereinander – im Grunde also verschiedene Identitäten in unterschiedlichen Kontexten, immer aber bezogen. Diese hartnäckigen Vorstellungen haben sich mir in gewissem Sinn erfüllt, natürlich in ungeahnter Komplexität und mit schmerzhaften Abweichungen von ihrer Urfassung. Dennoch merkte ich, dass der erwachsene und psychologisch korrekte Hinweis: »merke, Du kannst nicht alles haben!« nur eine Teilwahrheit zum Ausdruck bringt, und auch vorschnell ausgesprochen bzw. akzeptiert werden kann.*

D: *Wir sind ausgegangen vom Analytiker Niklaus Roth, der ein feines Unterscheidungsvermögen dafür hatte, ob der Kontakt richtig oder pseudo-richtig war, der nicht die wahre Lehre, sondern sein Herz und seine Seele in den Mittelpunkt stellte. War es diese Qualität die Dich immer offen gehalten hat für neue Anregungen?*

N: *Ja. Wir haben auf Al Pesso angesprochen, weil er innerhalb seiner Konzeption und seiner konkreten Strukturarbeit diese Qualitäten formuliert und gesucht hat. Wir sind ihm enorm dankbar, wir machen aber heute keine Pesso-Arbeit mehr – vielleicht auch aus Altersgründen. Ich habe diese Arbeit selber geliebt, einige Pesso-Gruppen geleitet – drei Serien über etliche Jahre – und sehr viel davon profitiert. Aber ebenso wie ich und jeder Mensch hat auch Al Pesso seine ganz spezifischen Grenzen. Er reist als Lehrer durch die Welt, schafft tiefe Beziehungen und fliegt dann weiter. Ich habe gemerkt, dass es eine andere Dynamik gibt, wenn man eine Gruppe über Jahre begleitet, und dass das, was in einer einzelnen, manchmal hochdramatischen Arbeitssitzung (»Struktur«*

genannt) passiert, sehr davon abhängt, welchen Entwicklungsweg die Gruppe als ganze durchläuft. Aber gerade auch wenn Gruppen sehr gute Arbeit geleistet haben, sind eine rechte Anzahl von Patienten nach Gruppenabschluss in die Einzeltherapie gekommen. Diese hat dann stark von der vorangehenden Gruppenerfahrung profitiert, andererseits wurde oft das in der Gruppe Erworbene im Nachhinein viel tiefer verstanden und verinnerlicht. Das Erlebnis der Intensität und didaktischen Klarheit der Pesso-Arbeit kam dann oft innerhalb der tragfähigen therapeutischen Einzelbeziehung erst ganz zur Reife. Dass das möglich wurde, erfüllte mich immer mit Dankbarkeit (gegenüber Al und Diane, wie natürlich auch gegenüber den einzelnen Patienten). Gleichzeitig verspürte ich aber auch eine Offenheit für anders strukturierte Erfahrungen, und so habe ich dann auch die Ausbildung bei George Downing gemacht, vor allem, um Anregung zu bekommen dafür, in der Situation der Einzeltherapie mit dem Körper umzugehen.

D: Was hast Du dort erlebt?

N: Erstens: er übt den Umgang mit Übertragung und Gegenübertragung in der direkten Konfrontation mit einem Patienten, und er ist er ein sehr guter Didaktiker; er kann die Dinge auf den Punkt bringen. Ich trage ein deutliches Erinnerungsbild in mir. George sitzt vor uns, ihm vis-à-vis ein Patent, eine Patientin. Beide in einer Auseinandersetzung, die sicht- und fühlbar macht, was es heisst; bei sich zu sein, beim Andern zu sein, in dauerndem Wechsel, in disziplinierter Bewegung. Ein Vergnügen, allein auch durch diesen Anblick geführt zu werden. – Downing hat beides gelehrt, durch Körperarbeit Prozesse anzustossen und zu explorieren, andererseits durch Körperkontakt Schutz und Beruhigung zu vermitteln. Ich habe beides geübt, aber heute dient der Körperkontakt bei mir vor allem der Beziehungsgestalt, wie sie vom Patienten spontan erlebt oder gesucht wird – ihrer Sicherung und/oder Exploration. So sparsam ich Patienten zu Beginn der Therapie anamnestisch exploriere, so wenig setze ich mich frühzeitig mit anderen Aktivitäten in Szene. Je mehr ich mich ganz einfach öffne, umso mehr entfaltet der Patient sein bewusstes und unbewusstes Anliegen, umso klarer bekommen ich einen Eindruck von beidem. Es ist die Frucht einer schrittweisen Entwicklung, immer subtiler den Moment zu erfassen, wo es der Patient zulassen kann oder braucht, dass ich eine eigene Aktivität entgegenbringe, ja ev. provokativ oder Grenzen setzend eingreife. Naturgemäß nehme ich ihn primär, wie schon gesagt, 1:1 so wie er sich zeigt, ohne ihn zu hinterfragen. Reflexionen stellen sich bei mir oft erst langsam ein. Manchmal habe ich auszuhalten, dass zwar Empfindungen da sind, sich aber keine Gedanken einstellen. Aber immer kommt dann vom Patient ein Zeichen, auf das ich reagieren kann. – Es gibt ein Weiteres. Ein Patient kann – vor allem im Liegen, aber nicht nur da – wenn er sich begleitet fühlt und Vertrauen hat, spontan oder vorbereitet in einen Trancezustand geraten, bei dem er durch eine Sequenz von inneren Erlebnissen hindurchgeht, die ihm sonst nicht zur

Verfügung stehen, von denen er üblicherweise abgeschnitten bzw. geschützt ist. Diese Phänomene habe ich erstmals bei Downing angetroffen, und die subtile Klarheit geschätzt, mit der er sie begleitet und in das therapeutische Geschehen integriert hat. Wichtig für die therapeutische Wirkung ist der Umstand, dass der Therapeut von der Dissoziation ausgenommen bleibt. Der »Draht« zu ihm sichert und trägt das Geschehen. Eine Zeitlang haben meine Patienten, ohne dass ich sie gedrängt hätte, gehäuft solche Wege beschritten. Welchen Bereichen die offenbarten Inhalte entsprangen, und wie sie zu verstehen sind, konnte ich nur teilweise und nicht definitiv oder gar systematisch entschlüsseln. Z.T. waren es aller Wahrscheinlichkeit nach ganz frühe Erinnerungen, ev. flashbackartig genau, ev. symbolisch verschlüsselt, manchmal auch bestanden sie aus realistischen Szenen, die weder Traumcharakter hatten noch Erinnerung sein konnten. Ich erwähne diese Phänomene, die mich durchaus interessiert hatten, am Rande. Auch innerhalb unseres psychologischen Verständnisses stehen sie am Rand oder werden ausgespart. Mir war vor allem wichtig, dass sie therapeutische Wirksamkeit entfalteten, sei es dass sie ein Verstehen ermöglichten oder eine Zuversicht stärkten. Zum Glück war das allermeist, leider aber nicht immer der Fall. Fast schlagartig sind diese Phänomene nach wenigen Jahren wieder verschwunden.

D: *Verstehe ich richtig, dass Du neben Deiner analytischen Ausbildung die wichtigsten Impulse für Deine Arbeit von Pesso und Downing bekommen hast?*

N: *Das stimmt insofern, als ich die beiden Ausbildungen ganz durchlaufen und abgeschlossen habe. Aber wenn ich es noch einmal überdenke, so war die Zeit mit Marc Nevejan (um 1980) – nachdem ich vor allem dank Paul Parin nach einem ersten Scheitern doch noch in die psychoanalytische Gesellschaft aufgenommen worden war – von einer ganz besonderen Qualität. Das war ein echter Befreiungsschlag. Marc hat uns an einer Fülle neuer Ideen und Erfahrungen teilnehmen lassen. Er hat mit uns Fantasiereisen gemacht, uns in Gestalttechniken eingeführt, katathymes Bilderleben und Psychodrama erleben lassen. Eine Übung von Assagioli, den ich schon erwähnt habe, wende ich immer wieder an. Sie beruht auf der Erfahrung, dass wir uns in der Situation einer inneren Zerrissenheit darauf einlassen können, uns in kontrollierter Weise gleichzeitig den sich widersprechenden Erlebensweisen zu öffnen. Die erlösende Synthese vollzieht sich dann auf einer Ebene, die tiefer liegt als wollendes Denken – ähnlich dem »body shift« von Eugene Gendlin. – Dass wir uns so intensiv mit Ivan Boszormenyi-Nagy auseinandergesetzt haben, lag an einem Mitglied der Gruppe: Franz Renggli. Er hatte uns sozusagen genötigt, gemeinsam dessen »Invisible Loyalties« zu lesen. Wir waren begeistert und haben dann Ivan auch mehrfach eingeladen, was dazu geführt hat, dass dieser im Raum Basel in der Folge breitere Anerkennung fand. – Marc hat uns auch eingeführt in das Wesen der Paar- und Familientherapie. Er hatte da sein eigenes Programm entwickelt. Über ihn erfuhren wir von Martin*

Kirschenbaum. In die letzte Ausbildungsrunde, die Martin Kirschenbaum und Carole Gammer gemeinsam führten, ist dann meine Frau eingestiegen. Daran habe ich am Rande teilgenommen, und dieser Weg hat letztlich dazu geführt, dass ich George Downing (Caroles Mann) entdeckt habe und mich von ihm habe ausbilden lassen. Mit ihm habe ich dann auch persönlich eine Erfahrung in Körperarbeit machen können, die mich eine Situation aus den ersten Lebensmonaten erleben liess: das Traumatische wie auch die Bewältigungsstrategien. – Mit Marc und von ihm ausgehend haben sich ganz neue Perspektiven eröffnet: eine neue Offenheit, Direktheit im Gegenüber, von Auge zu Auge; ein lebendiger Gruppenprozess. Das waren gewissermaßen die »wilden Jahre«.

D: *Wie arbeitest Du heute?*

N: *Ich bin jetzt 78 und stelle fest: Nicht nur die Bioenergetik, Psychotherapie im Ganzen ist unendlich darum bemüht, den Einstieg in den eigenen Körper zu verstehen, zu begleiten, zu unterstützen, Hilfestellung zu geben, ihn zu spüren, zu beleben, zu bewohnen. Kaum ein Thema ist es, dass wir ihn aufgeben, ihn wieder verlassen sollen. Vielleicht liegt der Grund in der Umkehr: dem jüngeren Menschen gehen wir als Erwachsene voran, als Therapeuten sind wir grundsätzlich Vorangehende. Begleiten wir einen alten Menschen, gar einen Sterbenden, geht er voran. Wie können wir damit umgehen? Ich denke, das wäre ein Thema, und wir könnten uns darauf vorbereiten, indem wir schon in der uns gewohnten Situation aufmerksam darauf werden, dass uns unsere Patienten genau besehen auch oft vorangehen. – Auf Deine Frage antworte ich erstens: ich arbeite im Bewusstsein, dass meine Zeit schon sehr begrenzt ist. Zweitens: da ich für meinen Einstieg in meinen eigenen Körper und in die Erwachsenenwelt mehr Zeit gebraucht habe als der Durchschnitt, erlaube ich mir (ist mir »gerechterweise« vergönnt), den Ausstieg aus dem Beruf zu verlangsamen. Ich arbeite reduziert, und das gern. Es kommen weniger Patienten, und es sind heute zu einem größeren Teil Kollegen. Da steht dann die Sprache im Vordergrund. Vertiefungen des Erlebens, wie sie durch Gestalttechniken oder Körperarbeit unterstützt werden können, entstehen jetzt eher spontan. – Der Anteil an Supervision ist jetzt etwas größer geworden. Dabei erfahre ich auch, was andere Kollegen in ihren Supervisionen erleben. Indem ich dieses Arbeitsfeld beobachte, sehe ich, wie interessant und heikel dieser Job ist. Wo hilft man, wo verführt man, wo versperrt man? Ich persönlich habe vor allem in Supervisionsgruppen erlebt, wie sehr diese führungsbedürftig sind. In Gruppen besteht die Gefahr, dass es einerseits vorherrschende Trends gibt, die sich breit machen, und dass dann andererseits zu wenig Raum entsteht, der erlaubt, dass sich derjenige, der sich exponiert, in Ruhe ausbreiten kann. Raumgebung und Timing brauchen Führung, der Vortragende braucht Schutz.*

D: *Also bist Du, wenn Du eine Supervisionsgruppe leitest, Anwalt derjenigen, die ihre Fälle vorstellen?*

N: *Anwalt von zweien, vom Supervisanden und dessen Klienten. In solche Situationen mische ich mich ein. Ich hatte erfahren, dass mir – u. U. nach Verunsicherung und Widerstand – dafür Dankbarkeit entgegengebracht wird. Da bin dann ich der Beschenkte.*

D: *Wenn ich Dir zuhöre, habe ich das Gefühl, dass Deine Arbeit von einer großen Kontinuität geprägt ist. Andererseits verändert sich die Welt und damit auch unsere Stellung als Psychotherapeuten. Wie erlebst Du das?*

N: *Also, ich habe das Gefühl, die ganze therapeutische wie auch die wirtschaftliche Welt sind voll auf eine Krise zugelaufen im Sinn von »Machbarkeit«. Es ging darum, Mechanismen zu entdecken und zu manipulieren. Auf diesem Weg hat man unglaublich viel erreicht. Die Psychotherapie hat mitgemacht, und auch die Erwartung der Klienten bewegte sich in diese Richtung. Die Erwartung wuchs, man könne alles manipulieren und auf einer technischen Ebene lösen.*

D: *Die Machbarkeit gehört eigentlich nicht in die Psychotherapie, oder?*

N: *Die vielen programmatischen Ansätze, die man ausgedacht hat, sind eigentlich nicht schlecht, und dass das zielgerichtete Coaching und das Messen des Erfolges zurzeit im Vordergrund steht, hat auch damit zu tun, dass innerhalb der Psychoanalyse das Interesse am Unbewussten des Patienten im Hinblick darauf, dass es die Theorien und Vorstellungen der Psychoanalyse zu bestätigen verspricht, forciert hat nach dem Motto: »Das Sicht- und Sagbare ist Vordergrund, nur »das Bewusste«, wir aber fassen den Konflikt ins Auge, der dahinter steckt«. (Nicht konsequent bei Freud, der es sich nicht zu schade war, seine Patienten auch zu unterstützen.) In dieser Einseitigkeit, Ausschließlichkeit, auch wenn sie durch sehr gescheite Überlegungen begründet wird, liegt auch ein Programm, eine Strategie und damit letztlich etwas Gewaltsames. Das ruft nach einer Gegenbewegung: Man verbündet sich mit dem bewussten Anliegen des Patienten und gewinnt seine Mitarbeit. Das allein führt aber auch wieder in eine Sackgasse. Beide Bewegungen ergänzen sich, aber als Programme bedrohen sie sich und kämpfen gegeneinander. (Es kann spannend sein, als Psychoanalytiker mit einem Verhaltenstherapeuten Supervision zu machen. Die Chance liegt in seiner Offenheit, sich einzugestehen, dass etwas fehlt.) Letztlich gilt für alle Programme: sie haben alle ihre Qualität, aber alle führen sie – nicht immer, aber manchmal – an eine Grenze, wo das Programm allein nicht mehr ausreicht – so auch bei der Psychoanalyse. Es geht dann nicht darum, das Programm, wohl aber den Kontakt mit dem Klienten aufrecht zu erhalten. (Um das zu wagen, muss man allerdings in seiner therapeutischen Haltung gefestigt sein; sie ist allen Therapierichtungen gemeinsam. Auch ist wünschenswert, dann eine vertrauenswürdige Intervision oder Supervision zu haben.) Man kann auch die Erfahrung machen, dass, wenn nichts mehr geht, es Sinn macht, sich (ohne alle Psychologie)der äußeren und inneren Situation, den Umständen und der Befindlichkeit »im Jetzt« zu öffnen. Es gibt etwas in uns, das sich (erst) dann bewegt. Das ist die wunderbarste Erfahrung, die man machen kann. Eine Via regia dazu hin führt über die Wahrnehmung des eigenen Körpers. Viele therapeutische Richtungen verbinden sich (an zentraler oder verborgener Stelle) mit dieser Ebene, mit dieser Wahrheit. In diesem Sinn kann man den Geist mit Wasser vergleichen, das nie die Bereitschaft verliert weiterzufließen.*

D: *Das ist sehr schön gesagt und berührt mich sehr. Bist Du auch mal gescheitert?*

N: *Ja, auf jeden Fall. Was ich so schön gesagt habe, ist im Grunde dem Scheitern sehr nah. Ich denke, es gibt Stufen des Scheiterns. Wie Brecht sagt: der Mensch macht einen Plan, und dann macht er nochmals einen Plan. Und Pläne scheitern. Aber der Mensch kann die Erfahrung machen: der Plan ist gescheitert, aber ich bin noch da. Das ist eine sehr schöne, aber auch sehr bittere und unheimliche Wahrheit. Wenn Al Pesso den Protagonisten in seiner »wahren Szene« an den Punkt kommen lässt, wo nichts mehr geht, geschieht etwas: eine alte Überzeugung, ein altes Programm zerbricht (muss zerbrechen), eine neue Erfahrung (in neuer Freiheit, in neuem Vertrauen) bricht sich Bahn (der Neubeginn!). Der Weg führt über den Körper und ist getragen vom Vertrauen in die (therapeutische) Situation. Hier ist im Programm des Therapeuten das Scheitern des Patienten vorgesehen. Aber das Scheitern kann auch den Therapeuten erreichen, seinen Plan. Hier beginnt die existenzielle Wirklichkeit. Wir machen Pläne, um nicht an diese Grenze zu kommen, aber wir können es nicht verhindern. Da brauchen wir letztlich eine Art (undogmatischen, unideologischen) Glauben: dass auch das noch Sinn macht. – Aber nun konkreter: die harmlosere Situation besteht darin, dass eine Therapie nicht mehr weiter führt, nicht mehr weiter geführt werden kann. Doch kann man sich vergegenwärtigen, dass auch nach einer gescheiterten Therapie die Entwicklung später im Leben durchaus weitergehen kann. (Jürg Willi ist einer der wenigen großen Autoren, der – besonders in seinem jüngsten Buch – diese Wahrheit deutlich ausspricht, nämlich dass die therapeutische Kraft, die Entwicklung nicht dem psychotherapeutisch geleiteten Geschehen vorbehalten ist.) Das Erleben des Scheiterns kann sogar Voraussetzung sein für eine Entwicklung auf einer neuen Stufe. Als Therapeut kann man nicht verlangen, dass man überall dabei ist. – Schwieriger ist die andere Art des Scheiterns: wenn man denken muss, ich habe da oder dort etwas ganz Wichtiges nicht gesehen. Das gibt es, dass bei einem Menschen plötzlich etwas zum Vorschein kommt, was man überhaupt nicht gesehen und das sich dadurch der Therapie zu lange entzogen hat. Es gibt Versäumtes, Schuldhaftes, Beschämendes. Das ist schwer, das tut weh. Ich bin auch da nicht verschont worden. Ich bin damit nicht allein. Ich denke, menschliche Kultur beinhaltet die Suche nach einem ordnenden Umgang mit den real existierenden Konflikten und Tragödien. Global steht es schlimm, auf der Ebene der Körperschaften, politischen Parteien, Arbeitsgemeinschaf-*

ten, auch therapeutischen ist die Bilanz durchzogen. Immerhin nimmt ein allgemeines Bewusstsein der eingetretenen und drohenden Versäumnisse zu. Auf allen hier genannten Ebenen konnte ich nichts bis sehr wenig beitragen. Ich hatte mich zu beschränken auf die Konfliktkultur innerhalb des privaten und des beruflichen (therapeutischen) Bereichs – die beiden parallel führend, bemüht um einen Lernprozess. (Diese Bereiche sind verschieden, man muss sie unterscheiden; aber verwandt, man kann ihre Inhalte vergleichen.) Die zentrale Herausforderung besteht für uns alle in der Anerkennung, Bearbeitung, versuchten Wiedergutmachung und Heilung von (aber auch Verhütung künftiger) Verletzungen. Niemand hat das für mich so gültig ausgedrückt wie Judith Herman in ihrem Buch Narben der Gewalt. – Alles in Allem bin ich persönlich aber auch sehr dankbar. Wo Therapeutisches möglich war, sehe ich meinen Beitrag darin, dass ich mich einließ, auch weil ich das selber brauchte. Was dann passiert, ist immer auch ein Geschenk. Es passiert als Ausdruck der Beziehung und ist ebenso getragen vom Patienten wie vom Therapeuten. – Der Schlüssel liegt in der Wiederherstellung von Vertrauen und Selbstvertrauen. Dieses ist nie selbstverständlich gegeben, auch nicht beim Therapeuten. Gerade bei ihm besteht die Gefahr, dass er diesen Mangel hinter seiner professionellen Haltung verbirgt

D: Hast Du einen Wunsch an die Zunft für die Zukunft?

N: Die Psychoanalyse hat immer die Beziehung betont, aber durch ihre abstrakte Sprache hat sie sich immer wieder in eine Entfremdung hinein manövriert. Als ich als Zeuge des Geschehens noch präsenter war, musste ich zusehen, wie die Prüfungsorgane reihenweise sehr gute Leute ausgeschieden haben. Davon habe dann ich profitiert. Weil ich ein bisschen randständig bin, kamen und kommen manche zu mir.

D: Und der Wunsch?

N: Ich glaube, so wie die Finanz- und Wirtschaftswelt, wie man sie praktiziert hat, jetzt gegen eine Mauer fährt und bluten muss und das Schlimmste noch kommen wird, so glaube ich, dass sich auch innerhalb der Psychotherapie die Abkehr vom intimen Bereich, der in unserer Arbeit eigentlich den fruchtbaren Boden darstellt, so rächen wird, dass man darauf zurückkommen muss. Eine ganz große Stütze für meine Hoffnung ist, dass gewisse Hirnforscher – für mich vor allem Joachim Bauer und Gerald Hüther – aufzeigen, wie das Gehirn als »Apparat« so konstruiert ist, dass es auf Beziehung reagiert, und zwar auf wahre Beziehung. Sie ist das große Elixier für die materielle Hirnentwicklung. Ich glaube, es wird wieder eine Rückbesinnung auf das Wesentliche geben.

D: Wir wissen ja: Umkehr findet erst statt, wenn es auf dem eingeschlagenen Weg überhaupt nicht mehr weiter geht.

N: Ja, das ist ein Gedanke, den man in die Welt tragen soll.

D: Lieber Niko, herzlichen Dank für dieses Gespräch.

Rezensionen

Alfred Köth: Psychotherapie ist keine Behandlung. Vom Unsinn der psychotherapeutischen Diagnoseziffern, Krankheitsmodelle, Therapieverfahren, Wirkfaktoren, Veränderungskonzepte und Beziehungsmuster.

VAS Verlag, Frankfurt/Main 2008, 99 S., Euro 11,80.

Alltagsroutinen, Sachzwänge und spezifische Kontextbedingungen verhindern häufig erfolgreich, das eigene Handeln kritisch zu hinterfragen. Das gilt vielleicht in ganz spezifischer Weise für PsychotherapeutInnen, deren »Handeln« zu einem großen Teil ja letztlich im Nachdenken über »geeignete« Interventionsstrategien für PatientInnen/KlientInnen mit spezifischen Problemstellungen besteht. Dass diese Nachdenkprozesse selbst längst eingefahrenen, besonders (aber nicht nur) schulenspezifischen oder krankenkassenversicherungskonformen Bahnen folgen, gerät da leicht aus dem Blickfeld. Alfred Köth's Büchlein hilft, dem erfolgreich auf anregenden und überschaubaren 99 Seiten zu begegnen. Ausgehend von einem bildungsorientierten Verständnis von Psychotherapie – der Autor ist Psychotherapeut (approb. Kinder- und Jugendlichenpsychotherapeut, Ausbildung in tiefenpsychologischer Körpertherapie, Fort- und Weiterbildungen in systemischer Therapie und Familien- und Strukturaufstellungen) *und* Diplompädagoge – setzt er sich kritisch mit den weitgehend impliziten Einflüssen des medizinisch-pharmazeutischen Paradigmas von Psychotherapie auf die zentralen Konzepte von Diagnoseziffern, Krankheitsmodellen, Therapieverfahren, Wirkfaktoren, Veränderungskonzepten und Beziehungsmuster auseinander. Dabei beeindruckt vor allem die Vielzahl an treffenden Literaturzitaten aus unterschiedlichen Denkrichtungen, die die Argumentationslinie des Autors untermauern.

Im Kapitel »Diagnoseziffern« weist er auf die Illusion von Objektivität hin, die die elaborierte Ausdifferenzierung von Klassifikationssystemen entstehen lässt. Deren gesellschaftliche und fachpolitische Konstruiertheit wird dadurch leicht übersehen und die Selbstdeutung des Patienten verkümmert allzu oft zu einem Teilaspekt der Anamnese. Dem stellt er ein konsequent dialogisch-prozessuales und ökosystemisch ausgerichtetes Verständnis von Diagnose gegenüber, jedes Diagnostizieren *führt* nicht, sondern *ist* bereits Intervention mit der Gefahr zu Etikettieren und Stigmatisieren. Diagnostik ist also nicht in erster Linie als ein klassifizierender sondern als ein co-kreativer konstruierender Akt zu verstehen.

Im kurzen Kapitel »Krankheitsmodelle« wird auf den kaum über zu bewertenden Kontextfaktor Finanzierung von Psychotherapie durch Krankenversicherungssysteme hingewiesen, wodurch psychotherapeutische Veränderungsstrategien für Problemstellungen zur Heilbehandlung von krankheitswertigen Störungen im medizinischen Sinne fast zwangsläufig mutieren. Eine Vorstellung als von einem Experten unterstützter »Arbeit« an der Selbstveränderung und Persönlichkeitsentwicklung gerät da leicht in den Verdacht von Luxus.

Das favorisierte medizinisch-pharmakologische Denkmodell beeinflusst dadurch massiv zumindest die Außendarstellung der einzelnen »Therapieverfahren« und infolge ihre Fixierung auf spezifische und unspezifische »Wirkfaktoren« zur Legitimation ihrer Existenz. In den beiden gleichnamigen Kapiteln wird diesen Einflüssen sehr differenziert nachgegangen und besonders die Psychotherapieforschung in ihrer Dosis-Wirkung-Modell-Gläubigkeit auf dem Hintergrund eines Konzeptes von Komplexitätsmanagement selbstorganisierender Prozesse kritisiert.

Ausgehend von den bereits 1912 vom Philosophen Scheler geprägten gegensätzlichen Metaphern für die Rolle des Psychotherapeuten von einem »psychischen Chirurgen« einerseits und von einem »sokratischen Helfer« andererseits geht der Autor im Kapitel »Veränderungskonzepte« den gegenwärtigen Kontroversen hinsichtlich »Beziehung versus Technik« nach und schlägt mit seinen eigenen Vorstellungen über »Nähren und Klären« eine im Hegelschen Sinne durchaus synthetische Lösung vor. Wichtig ist ihm dabei, aus seiner dialogisch-prozessualen Haltung heraus zu betonen, dass der Therapeut zwar wohl hinsichtlich des Mittel*einsatzes* Experte ist, nicht aber hinsichtlich der Mittel*wirkung*. Denn diese resultiere in erster Linie aus der Individualität bzw. der einzigartigen inneren Selbstorganisation des Klienten.

Folgerichtig konzentriert sich Köth daher im letzten Kapitel »Beziehungsmuster« nochmals auf diesen intrapsychischen Aspekt. Er stellt dabei den gegenwärtig gängigen Konzepten von Interaktions- und Beziehungsschemata ergänzend jenes von Bedeutungsschemata und persönlichen Sinnsystemen als hierarchisch sehr hoch angesiedelten intrapsychischen Organisationsprinzipien zur Seite. Dadurch schließt sich auch wieder im Ganzen der Themenbogen, der vom medizinischen Modell einer objektiven Behandlungsstrategie ausgeht und beim Konzept der Begleitung eines inneren Bildungsprozesses, bei der Veränderung des inneren Wertesystems endet.

Mein beruflicher Alltag besteht zeitlich zu 80% in der Ausübung meiner Funktion eines Arztes für Allgemeinmedizin. Da besteht naturgemäß besonders die Gefahr, ein implizites Rollenverhalten aus einem medizinischen Funktionsverständnis heraus *unreflektiert* auch auf den psychotherapeutischen Bereich hin zu übertragen. (In manchen Situationen, z.B. Akuttraumatisierungen, kann das durchaus sinnvoll und hilfreich sein.) Aus den oben erwähnten Rahmenbedingungen heraus gilt dies in abgeschwächter und veränderter Form wohl für alle PsychotherapeutInnen, unabhängig von möglichen anderen Quellenberufen. Als begleitende Lektüre zumindest im letzten Drittel einer Psychotherapieausbildung ist dieses Büchlein hervorragend geeignet, einer schulenspezifisch dogmatischen

Einengung und der Flucht in die illusionäre Sicherheit objektiver Diagnosen erfolgreich entgegen zu wirken.

Otto Hofer-Moser

Daniel Bergner: What Do Woman Want? *The New York Times Magazine*, January 25, 2009.

http://www.nytimes.com/2009/01/25/magazine/25desire-t.html?_r=1&ref=review

Gleichzeitig mit dem Erscheinen seines Buches *The Other Side of Desire* im Januar 2009 veröffentlichte Daniel Bergner in *The NY Times Magazine* einen längeren Aufsatz (7.415 words) zum Thema »The Desire of Women« über die physiologische und die emotionale Natur der sexuellen Lust/Begierde von Frauen. Wodurch und unter welchen Bedingungen werden Frauen sexuell erregt? *Was wollen Frauen?* Wie unterscheidet sich die sexuelle Begierde von Frauen und Männern? Der Titel gibt die Frage von Sigmund Freud an eine seiner Schülerinnen wieder: »Die große, nie beantwortete Frage, die ich in dreißig Jahren Erforschung der weiblichen Seele auch nicht beantworten konnte, ist: *Was will das Weib?*« (Übers. aus dem Englischen, RW).

Bergners Darstellung des gegenwärtigen Standes sexologischer Forschung zum Thema weiblicher Wollust beruht auf umfassende Interviews mit vier nordamerikanischen Sexologinnen, allesamt Professorinnen der Psychologie: *Meredith Chivers* (Queen's U., Kingston, Ontario), *Julia Heiman* (Indiana U. Bloomington, derzeit Direktorin des Kinsey Institutes), *Lisa Diamond* (U. of Utah), und *Marta Meana* (U. of Nevada Las Vegas). Hier können nur einige Highlights aus dem Artikel hervorgehoben werden.

Angesichts der noch wenig erforschten Komplexität weiblicher Begierde sieht sich *Chivers* als »eine Pionierin am Rande eines undurchdringlichen riesigen Waldes«. Die Erforschung weiblicher Lust durch Frauen in einem immer noch von Männern beherrschten Fachgebiet wurde erst in den 1970er Jahren durch die Schriften der bahnbrechenden Sexualtherapeutin *Helen Singer Kaplan* (1929–1995) angestoßen. Noch besteht keine einheitliche Theorie. Die von Bergner dargestellten empirischen und klinischen Forschungsergebnisse sind mannigfältig und vieldeutig. Eindeutig ist nur die Komplexität und Variabilität weiblicher Begierde und sexueller Reagibilität, sowie die Tatsache, dass Veranlagung und Umwelt, Biologie und Erziehung, nicht auseinander dividiert werden können. Bei Frauen wird sexuelle Erregung auf vielfältigere Art ausgelöst als bei Männern, obwohl die Variabilität innerhalb eines Geschlechtes möglicherweise weit größer ist als die zwischen den Geschlechtern. *Diamond* betont die Flexibilität und Anpassungsfähigkeit weiblicher Lust. Unabhängig vom Geschlecht des Gegenübers entsteht die Lust der Frau so sehr aus emotionaler Nähe heraus, dass sie sich über angeborene gleich- oder gegengeschlechtlichen Orientierungen hinwegsetzen kann. Die angenommene engere Verbindung zwischen Nähe/Intimität und weiblicher Lust ist möglicherweise auf ein vermehrtes Vorkommen von *Oxytocin* im weiblichen Gehirn zurückzuführen, ein Neuropeptid, das Gefühle von Liebe, Verlangen, Vertrauen und Treue bei Geburt und Stillen sowie bei geschlechtlichen Beziehungen erzeugt und emotionale Bindungen verstärkt. *Meana* behauptet, dass weibliche Begierde *nicht* durch Beziehungsfaktoren bestimmt ist: »Weibliche Lust ist nicht relational, sondern narzisstisch«; sie wird bestimmt durch das Verlangen, das Objekt erotischer Bewunderung und sexueller Begierde zu sein. Meanas Forschung legt es nahe, dass die erotischen Fantasien von Frauen weniger ums Geben als ums Bekommen von Lust kreisen. »In Bezug auf Lust sind Frauen womöglich weniger bezogen als Männer«. Rezeptivität, das Bestreben, *begehrt zu werden*, spielt auch für *Chivers* eine zentrale Rolle bei der weiblichen Lust.

Chivers unterscheidet bei Frauen zwischen objektiver physiologischer Erregung (reflexiver sexueller Bereitschaft) und subjektiver psychischer Reaktivität (Begierde). Genitale Erregung, das Feuchtwerden der Scheide findet auch bei der Vorstellung von sexueller Gewalt statt, und stellt vermutlich eine archaische Schutzreaktion vor innerer Verletzung bei ungewollter Penetration dar. *Meana* differenziert zwischen Trieb (Lust/Begierde) und dem persönlichen Wertesystem: Frauen messen Nähe und Dauerhaftigkeit in Beziehungen einen hohen Wert bei, diese aber sind nicht die primäre Quelle sexueller Lust. Forschungsergebnisse belegen ein größeres Erregungspotenzial in Vorstellungen von Sex mit Fremden oder gar von gewaltsamem Sex. Andererseits wollen Frauen geliebt und geschützt werden. Meana: »Was Frauen wollen ist ein reales Dilemma ... sozusagen einen fürsorglichen Gorilla *(a caveman and caring)*.« Mehr als ein Drittel Frauen hegen lustvolle Vergewaltigungsfantasien, oft während des Geschlechtsverkehrs. Des Rätsels Lösung für Meana und Chivers: Zum einen, während reale Gewalt Kontrollverlust bedeutet, sind *Fantasien* gänzlich in der Kontrolle der Frau selbst. Zum anderen sind Gewaltfantasien im Grunde Unterwerfungsfantasien. Mehr noch (ergänzt der Verf., RW): Es sind *Hingabe*fantasien, Hingabe an die *Macht der Lust* jenseits des bewussten Willens und der Ich-Kontrolle. Auf keinem Fall geht es um die reale Aufgabe der Autonomie über den eigenen Körper: *»Arousal is not consent«* (Erregung bedeutet keine Zustimmung zur Gewalt), unterstreicht Chivers.

Das Rätsel der weiblichen Lust. »Was will das Weib?«, fragte Professor Freud (berichtet Ernest Jones in seiner Freud Biografie). Vielleicht ist die Komplexität und die Un(be)greifbarkeit der Sexualität insgesamt – und der weiblichen Sexualität insbesondere – *mit*bedingend für ein In-Vergessenheit-Geraten der

Sexualität, gar die »antisexuelle Haltung ... innerhalb der Psychoanalyse«, die André Green vor dem Fachpublikum des Anna Freud Centers in London 1998 anprangerte: »Ist der psychoanalytische Puritanismus daran schuld, dass wir die Bedeutung der Sexualität für die Lebensfreude so gering schätzen?« (S. 1186 in: Hat Sexualität etwas mit Psychoanalyse zu tun?, Psyche 52 (1998):1170–1191). Schließlich haben verschiedene Leserbriefe (5. Febr. 09) in Frage gestellt, ob nicht das Thema zu sehr aus *männlicher* Perspektive gesehen und dargestellt wird (»male-driven definitions of sexiness ... regulating or reshaping women's subjectivity«)? Eine andere Leserin beanstandet »eine biologistische Voreingenommenheit« des Schreibers. So oder so kommt Bergners Sachbeitrag wie ein Weckruf, sich vertieft mit Fragen von *Sexualitäten* und *Gender* zu befassen, in der Forschung und in unseren klinischen Behandlungen.

Robert Ware

Sarah Neef: Im Rhythmus der Stille: Wie ich mir die Welt der Hörenden eroberte.

Campus-Verlag, Frankfurt/Main 2009, 252 S., Euro 19,90.

> Sehen und hören usw. können alle Menschen,
> aber wahrnehmen, das heißt
> mit der Seele den Eindruck der Sinne auffassen
> und denken, das können bei weitem nicht alle.
> Heinrich von Kleist (1777–1811) – Neef, S. 125

»Meine Stille voller Klänge« (S. 249) – so endet der Lebensbericht der 27-jährigen Ballett-Tänzerin und Dipl.-Psychologin, *Sarah Neef*, »eine sprechende Gehörlose«, wie sie sich selbst bezeichnet (S. 230). Es ist eine der spannendsten und berührendsten Geschichten, die ich in den letzten Jahren gelesen habe:

Die Geschichte einer hochbegabten jungen Frau, die infolge von Sauerstoffmangel bei der Geburt vollkommen taub auf die Welt kam. Auditiv hört sie erst ab der Lautstärke eines Düsenfliegers, 110–120 Dezibel, nah an die Schmerzgrenze für Normal-Hörende (130dB). Mit drei Jahren entdeckt sie bei einer Ballettaufführung von *Dörnröschen* in der Stuttgarter Oper ihre Leidenschaft für Tanz und Theater; mit sechs Jahren Anfang des Bühnentanzes (schon mit sieben Jahren bei einer professionellen Tanzcompagnie), den sie widerwillig erst während des Hauptstudiums Psychologie aufgibt. Durch langjährige Audiopädagogik und die stetige Förderung durch ihre Mutter lernt Sarah, *mit ihrem Körper zu »hören«*,

Lippen zu lesen und schließlich auch (fünf Sprachen!) zu sprechen – obwohl sie keine Töne, auch nicht die eigene Stimme, auditiv hört. »Wir übten Sprechrhythmus, ich trug den Takt noch den ganzen Tag in mir. Abends begann ich, dazu zu singen und mich zu bewegen. Daraus wurde tanzen.« Sarahs Körper ist ein Vibroskop: Die Schwingung der Musik nimmt sie über die Schädelknochen und die Haut wahr. Die tiefen Laute spürt sie in den Beinen und den Fußsohlen, die höheren in der Kehle, auf den Lippen, den Händen, den Innenseiten der Arme, im Nacken, auf der Brust. »Durch Bewegung, Gedichte, Rhythmus, Gesang und Ballett erschloss sich mir nicht nur die Freude am Tanz und der Musik, sondern auch die Melodie der Sprache, die Satz- und Wortmelodie. Aus der Bewegung heraus entwickelte sich in mir ein Gefühl für Sprachrhythmus und Intonation« (S. 51).

Auf die Frage: »Wie kann ich als Gehörlose Musik empfinden, wenn doch kein Geräusch an meine Ohren dringt?«, antwortet Neef mit dem kühnen Satz: »Taubheit ist nicht das Gegenteil von Hören!« (S. 52) »Musik dringt viel tiefer, erreicht die Seele des Menschen […]. Es sind Schwingungen in der Luft, Vibrationen, die den Menschen umhüllen. Die Musik berührt, sie will erreichen, will vermitteln. Sie ist in der Lage, Gänsehaut zu verursachen, sie kann zum Weinen bringen, sie kann fröhlich machen. Manchmal hilft sie auch, Aggressionen abzubauen.« (S. 52–53). *Hören* von Tönen – *Fühlen* von Vibrationen – in den romanischen Sprachen heißt beides *sentire* (S. 54). Neef nennt es »Horchen«. Die größere Aufmerksamkeit der verbliebenen Sinne ist es, die das Horchen der Gehörlosen ausmacht. »Taubheit ist somit eine Stille voller Klänge« (S. 55). »Wer nicht hören kann, muss lernen, bewusst zu fühlen, wie Sprachlaute eingesetzt werden« (S. 59). Auch das Sehen ist von eminenter Bedeutung, insbesondere fürs Lippenlesen, ein äußerst anstrengendes Unternehmen, denn nur 30% der sprachlichen Mitteilung kann man vom »Mundbild« ablesen. Der Rest muss assoziativ aus dem Kontext hinzugedichtet werden.

Von Anfang an ist Sarah »ein sehr lebhaftes Kind, ständig getrieben von Wissensdurst und einer unglaublichen Neugier und Entdeckungslust« (S. 69). Mit unbändiger Kraft und Beharrlichkeit meistert sie immer neue Herausforderungen. Auch die Schattenseiten verschweigt sie nicht: Die äußerst schmerzhafte, nicht verstandene Entfremdung und Trennung von der geliebten Tanzlehrerin in der Ballettschule (S. 99ff.), der Spott und die Demütigungen durch Klassenkameraden, »die herablassende und gönnerhafte Art mancher Pädagogen« (S. 110), das oft grobe und verletzende Missverständnis der Alltagsumwelt, die wenig rücksichtsvolle Art von Verwandten bei Familienfeste: »Es scheint ein häufiger auftauchendes psychologisches Phänomen zu sein, dass sich Geschwister oder nahe Verwandte gegenüber Behinderten zurückgesetzt, benachteiligt oder vernachlässigt fühlen« (S. 114).

»Taubheit – die unsichtbare Behinderung« (Kap. 8, S. 135–158): Frau Neef nimmt uns in eine Welt der Stille mit, die oft demütigend und erniedrigend sein kann und die »eine unglaublich hohe Frustrationstoleranz« seitens der Gehörlosen erfordert (S. 140). Es ist selbst für den einfühlsamsten Hörenden kaum erfassbar, was die Behinderung mit sich bringt und welche hohen Fähigkeiten entwickelt werden müssen, um das fehlende Gehör zu kompensieren – die absolute Wachsamkeit der Augen (*das visuelle Hören*, S. 145), insgesamt die Schärfung der Wahrnehmung und des Gefühls. Nicht Mitleid sondern Verständnis, Mitgefühl, Achtung und Toleranz benötigen Gehörlose von der Umwelt, Rücksicht auf die Einschränkungen durch die Taubheit und vor allem die Bereitschaft zu kommunizieren (S. 146). Sarah Neef führt uns anhand ihrer eigenen Lebensgeschichte auf sinnfällige Weise emotional und geistig in die eigen-artige Welt der »unsichtbaren Behinderung«, eine für Hörende wahrlich sehr fremde Welt. In der Erfahrung des Mitgenommen-Werdens kommen wir zugleich tiefer ins Innere von uns selbst und tiefer in die Verbindung mit einer/einem Anderen.

Über die Sensibilisierung für die besondere Lebenssituation von Menschen mit Behinderung hinaus ist das Buch für den psychotherapeutischen Kliniker spannender Anschauungsunterricht über vorsprachliche Kommunikation: Der Psychoanalytiker Sebastian Leikert beschreibt in *Den Spiegel durchqueren. Die kinetische Semantik in Musik und Psychoanalyse* (Gießen, Psychosozial-Verlag 2008), wie Musik und die menschliche Stimme als akustische Ereignisse *eine Resonanz in der erlebten Körperlichkeit* des Zuhörers bewirken. Musikalische und stimmliche Bedeutungen werden vom »Hörer« rezipiert, indem sie im Körper »*viszeral*« (in den Eingeweiden) und, wie Neef darstellt, über die Knochenleitung und die Hautwahrnehmung unmittelbar empfunden und nachgeahmt werden. Musik und Stimme, aber auch unausgesprochene, noch nicht mentalisierte Gefühle und Affekte, erreichen die Seele des Menschen in der erlebten Körperlichkeit. Sie rühren an emotionalen Schichten und stiften unmittelbar Bedeutung – nachweislich sogar bereits im pränatalen Erleben des Foetus. In Anlehnung an Th. Ogdens *autistisch-berührender Position* (*Frühe Formen des Erlebens*. Wien/NY 1995) schreibt Leikert von einem transmodalen (mehrere Sinnesmodi umfassenden) *sinnlich-berührenden* Modus von Bedeutungsbildung und Kommunikation auf der Ebene des unmittelbaren korperlich-kinetisch fundierten Erlebens.

Dieser archaische Modus spielt eine bedeutende Rolle in der Intersubjektivität des therapeutischen Geschehens. Auf eine Stufe des Erlebens, wo die Trennung von Subjekt und Objekt noch keine Rolle spielt, findet vieles an emotionaler Bedeutungsbildung und Kommunikation *vorsprachlich* in der körperlichen Resonanz zwischen Patient/-in und Therapeut/-in statt. Viel mehr als die herkömmliche Darstellung von projektiver Identifikation mit ihrer psychopathologischen Konnotation scheint mir dieses Modell geeignet, das frühe Bezogensein im emotionalen Miterleben der psychotherapeutischen Begegnung und Beziehung verstehbar zu machen. Indem sie uns in die Welt der »*Stille voller Klänge*« hineinführt und teilnehmen lässt, macht uns Sarah Neef diese archaische Ebene des menschlichen Erlebens (be-)greifbarer. An ihrem Erleben erfährt der Therapeut, was es heißt, dem Patienten den eigenen Körper als Resonanzraum für vorsprachliche Bedeutungsbildung zur Verfügung zu stellen.

Robert Ware

Roland Heinzel: Die Wiederentdeckung der Zuversicht. In schwierigen Zeiten Vertrauen finden.

Kösel-Verlag, München 2008, 350 S., Euro 17,95.

> So wie unser Vertrauen ins Leben in der Kindheit in Beziehungen entstand, kann es auch in Beziehungen wieder heilen (S. 182).

Wer Roland Heinzel (Dr. med. Dipl.-Psych., Facharzt für Neurologie, Psychiatrie und Psychosomatische Medizin, Jungscher Psychoanalytiker, Bioenergetischer Analytiker, Gruppenpsychotherapeut, Mitbegründer des Steißlinger Kreises für Analytische Körperpsychotherapie) persönlich kennt, erwartet von diesem Sachbuch kein dröges, papierenes Theoretisieren. Viel mehr zeichnet es eine *Freude am Formulieren* aus, die für sich allein schon auf gewinnbringendes Lesen hoffen lässt. Persönliche Anekdoten, gar Zeichnungen, pointierte Witze und viele bedeutungsschwangere Sprachbilder und Wortspiele erleichtern im besten Sinne die Lektüre und ermuntern zum flotten Vorankommen. Tiefe Gedanken werden – bei aller Komplexität innerer Zusammenhänge – leicht verständlich dargestellt. Belebende Impulse und konkrete Übungen ermutigten den Leser immer wieder zum Mitdenken und aktiven Mitmachen. Beispiele aus der eigenen Herkunft und dem Familienleben der Heinzels versinnbildlichen das Dargestellte. Solche Vertrautheiten laden zur persönlichen Offenheit und Selbstreflexion des Lesers ein. Das Buch ist bestens geeignet, um es Patient/-innen in die Hände zu geben, bringt aber genauso praktisch und persönlich für erfahrene Kolleg/-innen viele Anregungen.

Besonders wertvoll finde ich Heinzels Verknüpfung von psychologisch-psychotherapeutischen Betrachtungen mit gesellschaftssystemischen und wirtschaftlichen Zusammenhängen. Von Anfang bis Ende durchzieht das Buch die Absicht, mehr Zuversicht und Vertrauen in die Selbstheilungskräfte in uns wachsen zu lassen – individuell und kollektiv. Im ersten Drittel (Kapitel 1–4) führt Heinzel an die Thematik der *Entstehung des Vertrauens* im Leben eines Menschen heran – v.a. aus der Perspektive von einzel- und gruppentherapeutischer Arbeit. Kapitel 5 bietet Einblicke in die Komplexitäts- und Chaosforschung als einem übergeordneten Bezugsrahmen für Denken und Handeln. Zwei sehr ausführliche Kapitel 6 (68 S.) und 7 (65 S.) wenden diese systemische Sichtweise auf Liebe und Partnerschaft bzw. auf das Sinnerleben, die Tiefendimension von emotionalen und spirituellen Werten, an: »Fähigkeiten und Sehnsüchte, die wir besonders heute angesichts der rasanten kulturellen und technologischen Entwicklungen in unserer beschleunigten, »flexiblen« Gesellschaft aus den Augen zu verlieren drohen: Da die Narkotisierung durch die Medien nicht mehr lückenlos funktioniert, meldet sich das geistig-emotionale Defizit in Form von Körpersymptomen, Depressionen, Ängsten, Drogen, Gewaltdurchbrüchen und Scheidungsraten« (S. 24f.). Mir selbst wurde das Buch ein hilfreicher Begleiter in einem konflikthaften Trauer- und Wandlungsprozess.

Heinzels erklärte Absicht ist es, Vertrauen in die eigene schöpferische Kraft zu erwecken und neue Zuversicht zu schaffen. Besonders hilfreich fand ich seine Ausführungen über »Dynamische Systeme und Nichtlinearität« (S. 152ff.) sowie die Erläuterung des Modells der »Phasenübergänge« (S. 172ff.): Wie in den Entwicklungsübergängen (Umbrüche) im Leben des Einzelnen, beispielsweise in der Pubertät, so treten auch in therapeutischen Prozessen Zustände von Verwirrung, Selbstunsicherheit, Hilflosigkeit auf – »*Kritische Instabilität*« (S. 175ff.) – gegebenenfalls auch beim Therapeuten. Diese wenig beachteten Schattendimensionen therapeutischer Arbeit und therapeutischer Beziehungen sind nur dann zu bewältigen, so Heinzel, wenn der Therapeut in sich genügend *Urvertrauen in den Prozessverlauf* auffinden und bewahren kann. Dies ist das Grundgestein der Therapie und eine wesentliche Voraussetzung für den heilsamen Wandel und eine neue Selbstorganisation *beider* Beteiligten am Therapiegeschehen (Patient und Therapeut).

Warum Chaos-, Synergetik- bzw. Komplexitätstheorie? Was kann sie zum Verständnis von Zuversicht und Vertrauen in schwierigen Zeiten beitragen? Eine neue Sichtweise bringt mit sich die Möglichkeit, äußerst komplexe Phänomene *systemisch*, das heißt in ihren Zusammenhängen, ihrer Interrelativität und Interaktivität zu betrachten. Heinzel spricht von »Reframing«, eine neue Konzeptualisierung oder Kontextualisierung des Problems oder des Konfliktes, der sich in der kritischen Instabilität offenbart. Kognitiv und emotional wird die eigene Erfahrung (Wahrnehmung und Wertigkeit) aus einer herkömmlichen *linear-kausalen* Sicht- und Erlebnisweise herausgehoben und in Bezug zu einer Gesamtheit von miteinander interagierenden *systemischen* Faktoren neu erfasst. Damit werden im günstigen Fall auch neue Verständnis- und Handlungsmöglichkeiten eröffnet und der Konflikt in mehrfacher Hinsicht »aufgehoben« (S. 182, Anm. 29). Es entsteht ein »übergeordneter Bezugsrahmen« aufgrund eines neuen wissenschaftlichen Paradigmas (S. 146ff.). Dessen Bedeutung und Wirkmächtigkeit erweisen sich auf der Ebene sowohl *globaler* wirtschaftlicher, sozialer und kultureller Konfliktherde als auch *individueller* oder gruppenpsychologischer Entwicklungspotenziale *und* last not least in den Interaktionen beider

Felder auf- und untereinander. In dieser Hinsicht ist zweifelsohne das 5. Kapitel (»Komplexität – die Dynamik der Gegensätze … *wenn alles ineinander greift und kaum vorhersehbar ist*«, S. 143–185) das *Herzstück* des Buches. Darin entwickelt Heinzel die *Quintessenz* seiner Gedanken über Ordnung und Unordnung, Selbstorganisation und Synergetik, Unvorhersehbarkeit und Angst, Sehnsucht nach Sicherheit und Einheit, Komplexität und Wandlung.

Heinzels Interesse an Chaosforschung (die Erforschung des Unvorhersehbaren) und Synergetik (die Lehre vom Zusammenwirken) geht in die 90er-Jahre zurück – »vor allem in ihrer Anwendung auf die Psychologie und den menschlichen Alltag« (S. 145f.). Im Verlauf seiner Ausführungen bezieht er immer wieder Parallelen zu den Gedanken C.G. Jungs ein. Heinzel besitzt eine besondere Fähigkeit, schwierige Zusammenhänge nicht erst in intellektuellen Begrifflichkeiten sondern in einer sehr bebilderten und melodisch-rhythmischen Sprache zum Ausdruck zu bringen. Selber Musiker spielt er bravourös mit Wörtern und Alltagsbildern gleichermaßen bedeutungsbildend. So nimmt er beispielsweise als Analogie für die Paarbeziehung die verschiedenartigen Möglichkeiten der Straßenkreuzungs-Regelung: »Vorfahrtsstraße«, »rechts vor links«, »Ampelanlage« und last not least »Kreisverkehr« als grundsätzlich andere Möglichkeit eines »zirkulären« Prinzips im System der Selbstregulation als Paar (S. 197f.). Damit geht Heinzel, nebenbei bemerkt, an einem entscheidenden Punkt über C.G. Jungs eigenes »Container«-Modell für Paarbeziehungen (ein Partner fungiert als Behälter für den Anderen) weit hinaus.

Besonders interessant fand ich den Absatz über »Komplexität und Wandlung« (S. 178–185), in dem Heinzel »die sehr auffälligen Parallelen zwischen der Jung'schen Psychologie und der Chaosforschung« aufweist: »Wenn Jung die Modelle und Begriffe der heutigen nichtlinearen Dynamik schon zur Verfügung gehabt hätte, wäre ihm manche Darstellung leichter gefallen, die er so mit einer psychologisch-philosophischen, teils naturwissenschaftlichen, teils mythologisch anmutenden Terminologie zustande bringen musste« (S. 178f.). Entsprechungen findet Heinzel zwischen Jungs Modell/Metapher der Gegensatzvereinigung und den chaos- bzw. systemtheoretischen Beschreibungen des »Spiels der Gegensätze in der Seele«. Jungs Vorliebe für Individuation und Autonomie »ist eine andere Formulierung der Selbstorganisation« und steht im Einklang mit der Entwicklung des Systems (der Selbstwerdung) aus dem Zusammenspiel von psychischen Kräften und gesellschaftlich-kulturellen Gegenkräften. In der wachsenden »Jung-Konjunktur« seit den 80er-Jahren erblickt Heinzel »ein Bedürfnis nach einem vollständigeren Selbstbild«, das Wandlung und seelisches Wachstum betont, aus dem »auch die Kraft zum politischen Handeln erwachsen kann« (S. 181).

Das sehr lange 6. Kapitel (»Die unmögliche und notwendige Liebe. *Vertrauen ins kreative Chaos der Liebe?*«, S. 187–259) legt eine systemische Sichtweise auf Liebe und Partnerschaft dar – mit viel Anregendem und Überdenkenswertem, doch mit weniger emotionaler Intensität, als ich mir bei diesem Thema erhofft hatte. Ähnlich erging es mir im letzten Kapitel 7 (»Zuversicht durch Sinnerleben. *Mich wundert, dass ich fröhlich bin*«, S. 261–326) über Sinnfindung und Spiritualität. Dennoch sind beide Kapitel Fundgruben an neuen Sichtweisen auf wesentliche Lebensthemen.

Insgesamt präsentiert Heinzel ein allgemein zugängliches, gut verständliches Werk für interessierte Laien und Fachkollegen zugleich. Der besondere Verdienst des Buches ist gerade die Vereinfachung von Grundlagenforschung, deren theoretisches Fundament im Hintergrund spürbar bleibt, ohne dass es die Verständigung im Vordergrund beeinträchtigt. Heinzel schöpft aus einem beachtlichen Fundus an Allgemeinbildung und Fachwissen. Es gelingt ihm auf bewundernswerte Weise zu lehren, ohne belehrend zu sein, und vor allem mit eigener Begeisterung zum Erkenntniserwerb und zum Wandel im Denken anzuregen. Er gibt den Lesern Denk- und Sprach-Bilder an die Hand und lädt sie immer wieder neu ein, über sich selbst nachzudenken und über das zu sprechen (mit sich und mit anderen), was sie bewegt. Er will nicht nur Probleme diskutieren. Es geht ihm um Vertrauen, Liebe und Mut zu sich selbst und zur Selbstheilung. Die Lektüre des Buches ist selbst schon eine »korrektive Neuerfahrung« (S. 59) in einer Zeit der zunehmenden seelischen, sozialen und mittlerweile sogar globalwirtschaftlichen Depression. Gegenüber der weit verbreiteten sozialen Kälte heutiger gesellschaftlichen und ökonomischen Rahmenbedingungen erweckt Heinzel Vertrauen in die Wandlungsfähigkeit der Menschen – damit »aus Angst und Depression wieder Zuversicht wachsen kann« (Untertitel, Kap. 3). Ein sehr zu empfehlendes Buch!

Robert Ware

Veranstaltungskalender

6.–9. Mai 2010, Berlin
DPG-Jahrestagung, Thema: Vor der Deutung – Sinnliches, Körperliches und Sprachloses in der Psychoanalyse
Infos: www.dpg-psa.de

18.–20. Juni 2010, Budapest
International Congress on Somato-psychotherapy: issues in the tissues
Infos: congress@szomato.org

29. Oktober–1. November 2010, Wien
Kongress der European Association for Body-Psychotherapy
Infos: e.kastenberger@aon.at

30. September–2. Oktober 2011, Wien
8. Wiener Symposium »Psychoanalyse und Körper«. Thema: Suggestion
Infos: geissler.p@aon.at, www.a-k-p.at

Reinhard Plassmann

Die Kunst des Lassens

2007 · 355 Seiten · Broschur
ISBN 978-3-89806-808-6

Wie fördert man seelische Heilungs- und Wachstumsprozesse? Vor dieser Herausforderung steht die wissenschaftliche Psychotherapie seit nunmehr 100 Jahren. Entscheidende Fortschritte sind in den letzten Jahren durch die neuen Methoden der modernen Traumatherapie möglich geworden. Gleichzeitig hat uns die moderne Hirnforschung Einblick gegeben, wie das Gehirn emotionale Belastungen verarbeitet.

Das Buch beschreibt mit vielen Fallbeispielen auf sehr lebendige Weise, wie das EMDR und die moderne Hirnforschung die Psychotherapie auf eine völlig neue Grundlage gestellt und uns neue Möglichkeiten an die Hand gegeben haben. Es erläutert dem Fachmann die Arbeitsweise und deren wissenschaftliche Grundlagen und potenziellen Patienten, wie ihr Weg durch den Heilungsprozess aussieht, bei Essstörungen, Borderlinestörungen, Traumafolgestörungen und bei allen durch emotionale Überlastung entstandenen Erkrankungen.

Reinhard Plassmann (Hg.)

Im eigenen Rhythmus

2008 · 211 Seiten · Broschur
ISBN 978-3-89806-753-9

Weil Emotionen direkt mit dem Körper in Verbindung stehen, treten bei starken emotionalen Belastungen regelmäßig körperliche Störungen auf, beispielsweise Magersucht, Bulimie, Allergien, Schmerzen, Tinnitus, Süchte und Kopfschmerzen. Mit erstaunlichem Erfolg haben nun einzelne innovative Therapeutinnen und Therapeuten begonnen, solche emotional bedingten Störungen mit EMDR zu behandeln, und berichten in diesem Buch darüber.

Das Buch gibt Behandelnden und Patienten einen sehr ermutigenden Einblick in die neu entwickelten Behandlungsmöglichkeiten dieser Erkrankungen. Behandelnde finden präzise Anleitungen für innovative Anwendungen von EMDR, Patienten können ihren Informationsstand über moderne Behandlungsverfahren verbessern.

www.ingramcontent.com/pod-product-compliance
Ingram Content Group UK Ltd.
Pitfield, Milton Keynes, MK11 3LW, UK
UKHW040027200726
13854UKWH00001B/391

9 783837 980196